마구로센세의
일본어
메뉴판
마스터

나인완 지음 · 강한나 감수

마구로센세 マグロせんせい의
일본어
메뉴판
마스터

bs
브레인스토어

저는 먹거리의 천국 일본의 소소한 길거리 풍경을 구경하다가 아무 음식점이나 들어가서 음식을 맛보는 것을 좋아합니다. 그런데 관광지가 아닌 지역에서는 메뉴판

마구로센세
マグロせんせい

국적, 나이, 모든 것이 불명. 심지어 사람인지 초밥인지도 겉으로만 봐서는 알 수 없다. 어딘가 게으르고 소심해 보이지만 '먹는' 일에 있어서 만큼은 열정으로 눈이 반짝거린다. 맛있는 것만 먹으면 콧노래를 흥얼거리며 행복해하는 단순한 성격이지만, 누구보다 진지하게 음식을 탐구하고 유쾌하게 즐긴다. 언젠가 전 세계의 음식을 모두 맛보는 것이 꿈이다.

에 그림이 없는 경우가 많습니다. 그럴 때 도움이 될 수 있도록 이 책을 만들게 되었습니다. 마구로 센세의 먹방, 메뉴판 읽기를 함께 즐겨요~

자료 제공 **JNTO** 일본정부관광국

일본의 식문화

외국을 방문하면 그 나라의 '본고장 요리'를 마음껏 즐겨 보아야 한다. 본고장 요리의 비밀은 그 고장의 시장에서 발견할 수 있다. 진귀한 재료가 여기저기 진열된 시장을 탐방하는 것은 일정에서 빼놓을 수 없는 모험이다. 일본인의 식생활을 책임지고 있는 시장을 구경만 해 보는 것도, 혹은 맛을 보는 것도 즐거운 일일 것이다. 일본, 특히 대도시에서는 적당한 가격의 이탈리아 요리, 프랑스 요리, 햄버거와 같은 패스트푸드, 아시아 여러 나라의 요리 등 세계 각국의 요리를 즐길 수 있다. 그러나 기왕 일본에 왔다면 일본 본고장의 요리를 만끽해 보자. 고급 요정에서 맛볼 수 있는 가이세키 요리(懷石料理: 시간을 들여 만든 요리를 순서에 맞게 손님에게 제공하는 일본식의 고급 코스 요리)를 비롯하여 스시, 사시미, 덴푸라(튀김)나 스키야키, 서민적인 소바, 라면, 야키도리, 로바타야키에 이르기까지 다채로운 식문화를 체험할 수 있다. 일본 요리에는 신선한 재료가 지니는 본래의 맛을 살린 메뉴가 많다. 맛은 물론, 위생 면에 있어서도 안심할 수 있다.

일반적인 식사대금

식사요금은 어디서 무엇을 먹느냐에 따라 크게 달라진다. '일본 레스토랑 협회'에 가입된 고급 레스토랑, 또는 호텔 내의 레스토랑에선 저녁식사의 경우 약 3,000엔 이상이라고 보면 된다. 이와 같은 레스토랑에서는 세금(5%) 외에도 서비스 요금(10~15%)이 별도로 청구된다. 식사대금을 절약하고 싶다면 백화점 내의 레스토랑, 혹은 고층빌딩 지하상가 등의 레스토랑에서 1,000~2,000엔 전후의 가격으로 맛있는 음식을 즐길 수 있다. 그 외의 일반적인 일본의 식당에서는 팁이나 서비스 요금은 지불할 필요가 없다. 또 외국어(한국어)로 된 메뉴판이 없는 경우도 많기 때문에 식당 입구에 전시된 샘플이 있다면 참고한 후 입장하는 것이 좋다. 패밀리 레스토랑, 레스토랑 체인점에서는 보다 저렴한 가격으로 각국의 요리와 일본 요리를 맛볼 수 있다. 일본은 도시락(벤또)가 유명한 만큼, 슈퍼의 식품코너와 편의점 등에서 테이크아웃 할 수 있는 다양한 종류의 도시락을 판매하고 있다. 패스트푸드점도 시내 곳곳에 자리하고 있다. 이자카야라고 불리는 일본의 선술집은 체인점으로 운영되는 곳도 있으며, 이곳에서는 다양한 가격대의 많은 안주 및 식사 메뉴가 마련되어 있으므로 예산에 맞춰 골라 먹는 즐거움이 있다.

대표적인 일본요리

일본 전역에서 나는 다양한 음식들을 맛보는 것은 일본에서 누릴 수 있는 가장 큰 즐거움 중의 하나이다. 세계적으로 선풍적인 맛의 반향을 불러 일으킨 다양한 요리법이 일본에서 개발되어 왔다. 뿐만 아니라 세계 각국으로부터 수준 높은 요리사들이 미식가들의 입맛을 만족시키기 위해 이 나라에 다녀간다. 특히 도쿄는 경제의 중심지라는 위상에 걸맞게 음식의 풍미를 자랑하는 도시로 명성을 떨치고 있다. 다양한 조리법들을 구경하려면 지하철과 전철역 근처를 거닐어 보자. 적당한 가격대의 일본음식을 마음껏 맛볼 수 있는 일본 먹거리의 집합소로서, 다양한 음식 모형과 컬러 사진들을 진열대에 전시해 두고 있다. 몇몇 음식점들에서는 음식들 각각에 가격표를 달아 고객이 카운터에서 계산하거나 자동판매기에서 직접 구입이 가능하도록 하고 있다.

- 초밥 : 식초 등으로 간을 한 밥을 작게 주물러서, 한 입 크기로 썬 신선한 어패류(참치, 새우, 오징어 등)나 달게 맛을 들여 두껍게 말은 계란말이 등을 얹은 것을 니기리스시(握りすし)라고 한다. 또한 오이나 절인 야채 등을 중심부에 놓고 말아 만든 김밥을 마키즈시(脅きずし)라고 한다.
- 샤브샤브 : 아주 얇게 썬 쇠고기나 돼지고기를 여러 가지 야채나 두부 등과 함께 끓는 물 속에서 살짝 익혀 먹는다.
- 면류(우동, 소바, 라면) : 서민에게 사랑 받는 요리로, 국물 속에 넣어서 끓이기도 하고 차가운 국물에 담가 먹기도 한다.
- 튀김 : 새우, 오징어, 생선 등의 어패류나 야채 등을 밀가루에 입혀서 기름에 튀긴 요리.
- 스키야키 : 테이블 위에 놓여진 전용 철 냄비 안에 얇게 여민 쇠고기를 여러 가지 야채나 두부와 함께 약간 달게 간을 한 전골 요리.
- 닭꼬치(야키토리) : 닭이나 닭의 껍질, 혹은 닭의 내장을 꼬치에 꽂아 달고, 짭짤한 소스나 소금으로 간을 해 불에 굽는 음식. 닭과 함께 야채나 버섯을 꽂은 것도 있다.

일본의
술문화

일본의 술문화

일본인들이 가장 사랑하는 술은 무엇일까? 놀랍게도 맥주가 일본의 전체 주류 소비량의 절반을 웃도는 수치를 차지한다. 그 밑으로 청주, 발포주, 소주, 와인, 위스키 순서다.

맥주는 보통 생맥주(なまビール)나 병맥주(びんびーる)를 마시는데, 여름철 옥와나 대형 쇼핑몰 옥상에 맥주 시음장이 마련되기도 한다.

청주인 사케(さけ)는 병이나 종이팩 형태로 판매되고 있다. 일반적인 주점에서는 보통 도쿠리(とくり)라는 작은 도자기 술병에 넣어 판매하며, 차갑게 혹은 따뜻하게 주문할 수도 있다. 잔술로 판매하기도 하는데, 잔술의 경우 나무 되를 잔 아래에 받쳐 넘치도록 따라주는 경우가 많다. 일본의 전통주인 만큼, 일본 요리와 부드럽고 향기롭게 잘 어울리는 편이다.

소츄(ソジュ)는 우리나라의 전통 소주와 동일하게 곡물을 재료로 만든 증류주이다. 일본에서는 소주나 위스키 같은 독주를 물이나 차, 주스 등 음료에 희석하여 마시는 것이 일반적이다. 그냥 상온의 물을 탄 것을 '미즈와리(みずわり)', 따뜻한 물을 섞은 것을 '오유와리(おゆわり)'라고 하며, 우롱차나 과일 맛의 탄산수를 섞어 마시기도 한다.

- 맥주 : 싹을 틔운 보리로 맥아(麥芽)를 만들고 여과한 후, 홉을 첨가하고 효모로 발효시켜 만든 술이다. 발효 방식에 따라 에일(Ale), 라거(Lager)로 크게 나뉜다. 요즘은 일본 등지의 아시아 맥주도 많이 선호되고 있다.
- 청주 : 청주는 일본에서 사케, 혹은 '니혼슈(日本酒)'라고 불린다. 일제 강점기 때에 부산에 청주 공장이 지어지고 그곳에서 만들어진 브랜드 마사무네(正宗)를 음독하여 부르며 한국에서는 사케가 정종이 되었다.
- 소주 : 쌀, 보리, 고구마 등의 작물을 발효시켜 증류한 술을 말한다. 일본에서는 보통 물이나 차, 음료 등에 희석해 마신다.
- 위스키 : 아일랜드, 영국에서 발달한 술로 맥아를 주원료로 하여 만든다. 일본 역시 위스키를 생산하는데 가쿠빈, 야마자키, 히비키 등이 유명하다.

일본 술자리 예절

일본의 술자리 예절은 한국과 동일한 부분이 많다. 술을 받을 땐 양손으로 받고, 연장자와 건배 시에 어린 사람의 잔이 더 아래에 있어야 한다거나, 음식점이나 술집에서 연장자가 문에서 가장 먼 안쪽 자리에 앉고 직급이 낮거나 어린 사람이 문가 바깥쪽에 앉아야 한다거나, 윗사람이 주는 술을 테이블에 잔을 놓은 채 받거나 술잔을 바닥에 둔 채 따라드리는 것이 실례라는 점 등이 무척 유사하다.

그렇다면 한국과 다른 점은 무엇이 있을까? 먼저 술을 따를 때는 술잔의 80%가 넘지 않게 따라야 한다. 한국에서처럼 '사랑하는 만큼' 따라서는 예의 없는 사람이 될 수도 있다. 또, 한국에서는 손윗사람에게 술을 따를 때 라벨을 가리고 따르는 것이 예의인 반면, 일본에서는 라벨이 보이도록 잡고 따라야 한다.

앞자리 사람의 잔이 거의 비었다면 반드시 첨잔을 해 주어야 하는데, 따라줄 때는 꼭 먼저 묻고 따라주어야 하며, 상대가 자리를 비운 사이에 채워 주어서는 안 된다. 만약 술을 그만 마시고 싶다면 한 손으로 잔 위를 살짝 덮으며 충분히 먹었다고 표현하면 보통 강요하지 않는다.

건배는 술자리를 시작할 때 딱 한 번만 하는 경우가 많다. 한국에서는 자주 하기 때문에 습관적으로 실수하지 않도록 주의를 기울이는 것이 좋다.

일본 식당 예절

우리는 보통 식당에 가면 빈자리에 가서 자연스럽게 착석하는 경우가 많지만, 일본에서는 가게에 들어서면 점원의 안내를 받아 착석하는 경우가 대부분이다.

식사를 할 때는 왼손으로 그릇을 들고 오른손으로 젓가락을 이용해 고개를 숙이지 않고 먹으며, 국물류가 아닌 이상 젓가락만으로 식사를 하는 편이다.

여럿이서 식사할 때는 개인 접시에 반드시 한 음식 종류씩 조금씩 덜어 먹는다. 특히 면류를 먹을 때는 후루룩 소리를 내며 먹는 것이 요리를 한 사람에 대한 예로 통한다. 그렇기 때문에 우동, 소바, 라멘 등을 먹을 때 음식이 맛있다면 소리를 내며 먹는 것이 좋다. 하지만 면 이외의 음식을 소리 내며 먹는 것은 예의에 어긋나는 행동이다. 일본에서는 일회용 젓가락을 많이 비치하고 있는 편이지만, 종이나 비닐에 싸여 제공된 젓가락은 식사를 마친 후 다시 싸개에 잘 넣어 두는 것이 예절이다.

차 례

一

초밥 すし

사람들이 너무 많아서 앞이 보이지 않는다.. 다들 왜 이렇게 키가 큰 거지?

구경할것은 많지만 조금 어지럽군. 일단 좀 조용한 곳으로!

一。초밥(すし)

휴, 배가
무지 고프군..
오늘은
뭘 먹어볼까..

왠지
모르겠지만
생선이
먹고 싶어.

내가
초밥이라
그런 게
아니라..

오옷!
마침
스시집발견

一。초밥(すし)

6 메뉴 좀 주세요.

メニューを ください。
(메뉴오 구다 사이)

아,네.
여기요!

음.. 역시, 생선의 종류가 엄청나군.
뭘 먼저 먹지... 첫 선택이 가장 중요해.
어디 한번 공략해볼까, 일단 가장 기본적인 것부터!

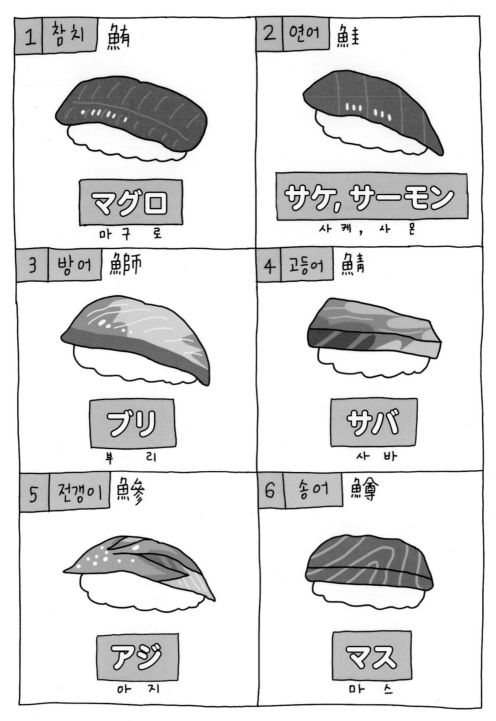

1 참치 鮪	マグロ 마 구 로	
2 연어 鮭	サケ, サーモン 사 케 , 사 몬	
3 방어 鰤	ブリ 부 리	
4 고등어 鯖	サバ 사 바	
5 전갱이 鯵	アジ 아 지	
6 송어 鱒	マス 마 스	

一。초밥(すし)

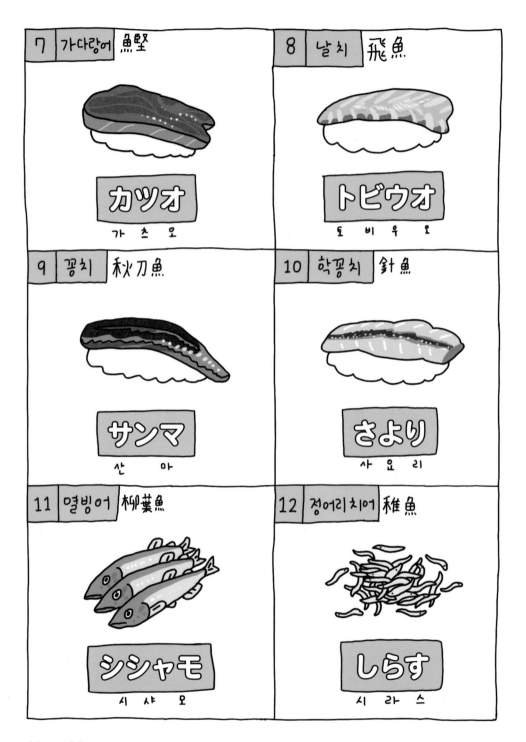

7 가다랑어 鰹	8 날치 飛魚
カツオ 가 츠 오	**トビウオ** 토 비 우 오
9 꽁치 秋刀魚	10 학꽁치 針魚
サンマ 산 마	**さより** 사 요 리
11 열빙어 柳葉魚	12 정어리치어 稚魚
シシャモ 시 샤 모	**しらす** 시 라 스

13 갈치 太刀魚	14 광어 廣魚
タチウオ 타 치 우 오	ヒラメ 히 라 메
15 도미 鯛	16 정어리 鰯
タイ 타 이	イワシ 이 와 시
17 중간나이의 전어 小鰭	18 붕장어 穴子
こはだ 코 하 다	アナゴ 아 나 고

一。초밥(すし)

먹고 싶은게
너무 많은데..

일단 참치는 가장 좋아
하니까 맨 마지막에..

ㄱ 도미랑 정어리랑 장어 주세요.

タイと イワシと アナゴを くだ"さい。
(타이토 이와시토 아나고오 구다 사이)

네

좋아,
긴장했지만
잘 시킨 것같다.

하잇!

8 오래기다리셨습니다

おまたせしました。
(오 아타세 시마시타)

오오

장어 먼저

9 마실 것은요?

おのみものは？
(오노미 모노와?)

생맥주
하나 주세요.

一。초밥(すし)

음.. 역시 장어 살과 소스의 조화!

다 먹기 전에 다른 것도 시켜 봐야지.

으음, 복어도 있네.

19 잿방어 間八

カンパチ

칸 파 치

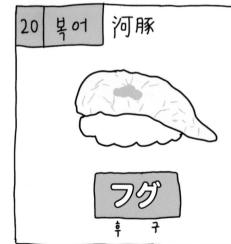

20 복어 河豚

フグ

후 구

21 광어 지느러미 縁側

えんがわ

엔 가 와

22 단새우 甘海老	23 삶은 새우 茹で海老
あまえび	ゆでえび
아 마 에 비	유 데 에 비

24 갯가재 蝦蛄	25 꽃새우 猿海老
シャコ	さるえび
샤 코	사 루 에 비

| 26 | 보리새우 | 車蝦 | 27 | 모란
새우 | ボタン海老 |

くるまえび

쿠 루 마 에 비

ボタンエビ

보 탄 에 비

그거랑,
모란 새우(ボタンエビ)
주세요!

하잇!

나도 모르게
궁금해서
시켜버렸다.

음...
오늘은 왠지
과식할것 같군..

오호,
이게 모란새우!
나처럼
통통하군.
맛은 어떨까?

음음!
맛있어.
이집이라면
맘껏 시켜도
될 것 같아.

⑩ 추천메뉴는 뭔가요?

おすすめはなんですか?
(오 스스메와 난데스카?)

오늘은 조개(貝)랑
알(魚卵)이 괜찮아요.

一。초밥(すし)

28 피조개 赤貝	29 가리비 帆立貝
アカガイ	ボタンエビ
아 카 가 이	호 타 테 가 이
30 대합 蛤	31 전복 鮑
ハマグリ	アワビ
하 마 구 리	아 와 비
32 소라 栄螺	33 키조개 玉珧
サザエ	ボタンエビ
사 자 에	타 이 라 가 이

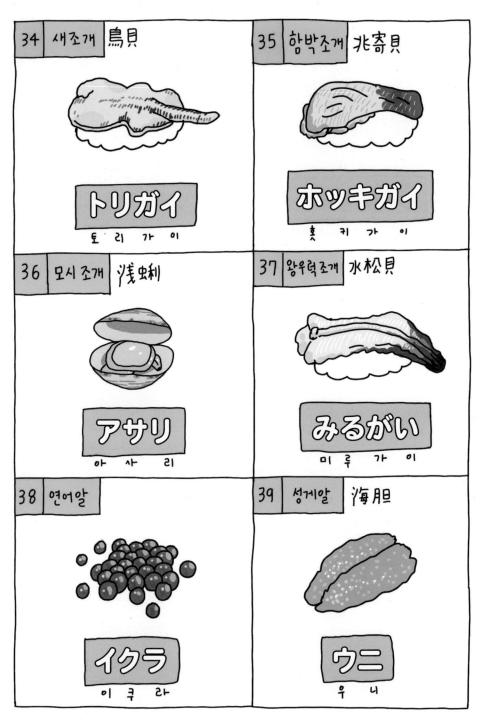

34	새조개	鳥貝

トリガイ

토 리 가 이

35	함박조개	兆寄貝

ホッキガイ

홋 키 가 이

36	모시 조개	浅蜊

アサリ

아 사 리

37	왕우럭조개	水松貝

みるがい

미 루 가 이

38	연어알	

イクラ

이 쿠 라

39	성게알	海胆

ウニ

우 니

一。초밥(すし)

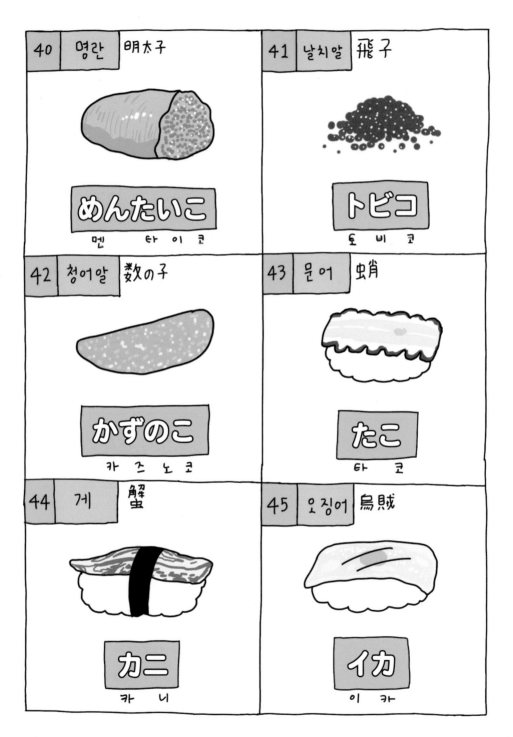

40	영란 明太子	41	날치알 飛子
めんたいこ		トビコ	
멘 타 이 코		토 비 코	

42	청어알 数の子	43	문어 蛸
かずのこ		たこ	
카 즈 노 코		타 코	

44	게 蟹	45	오징어 烏賊
カニ		イカ	
카 니		이 카	

46	해삼	海鼠

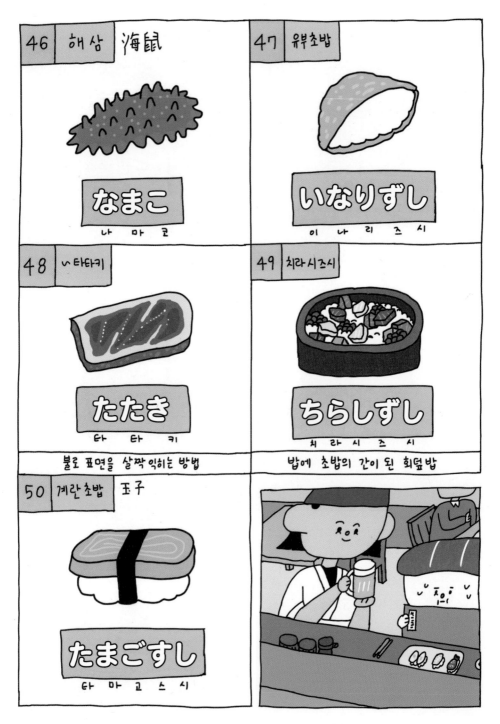

なまこ

나 마 코

47	유부초밥

いなりずし

이 나 리 즈 시

48	い타타키

たたき

타 타 키

불로 표면을 살짝 익히는 방법

49	치라시즈시

ちらしずし

치 라 시 즈 시

밥에 초밥의 간이 된 회덮밥

50	계란초밥	玉子

たまごすし

타 마 고 스 시

一。초밥(すし)

앗..
내가 제일
좋아하는
성게알!
까먹을 뻔!

맥주
나왔습
니다.

오예!

성게알(ウニ)이랑
키조개(タイラガイ)
주세요.

아,네!

꿀꺽

꿀꺽

키야!

一。초밥 (すし)

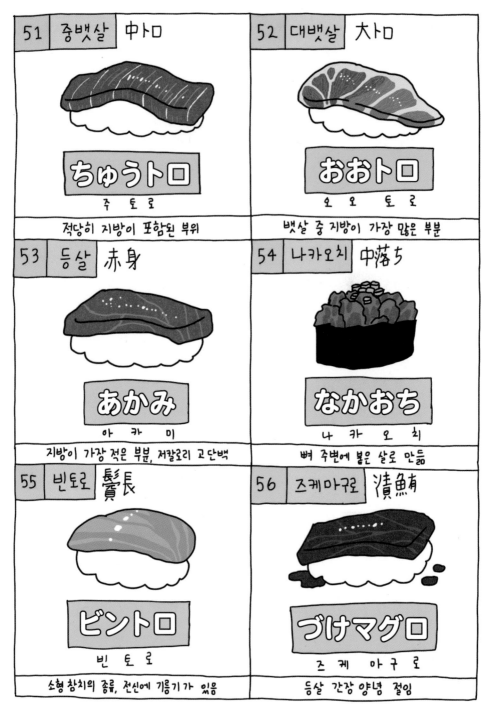

51 중뱃살 中トロ	52 대뱃살 大トロ
ちゅうトロ	**おおトロ**
주 토 로	오 오 토 로
적당히 지방이 포함된 부위	뱃살 중 지방이 가장 많은 부분
53 등살 赤身	54 나카오치 中落ち
あかみ	**なかおち**
아 카 미	나 카 오 치
지방이 가장 적은 부분, 저칼로리 고단백	뼈 주변에 붙은 살로 만듦
55 빈토로 鬂長	56 즈케마구로 漬鮪
ビントロ	**づけマグロ**
빈 토 로	즈 케 마 구 로
소형 참치의 종류, 전신에 기름기가 있음	등살 간장 양념 절임

음, 큰일이다.
살 빼야되는데.
이대로 그만 먹기
너무 아쉬워.

아.. 안돼!!
딱 참치까지만
먹고 가야지.
나는 절제할 줄
아는 어른이야.

하하

중얼
중얼

실례합니다.

오오옷!!! 드디어 참치가! 영롱한 이 색깔! 아름답다!

일단 즈케마구로

너무 맛있다. 양념이 잘 배었어!

一。초밥(すし)

후..
다 먹었다.
배가 터질 것
같군...

음.. 엄청 많이
먹었군. 돈도
많이 나오겠다.

그럼
슬슬 일어나
볼까..

아니잇!!
저건!!

58 테마키 て巻	59 노리마키 のり巻
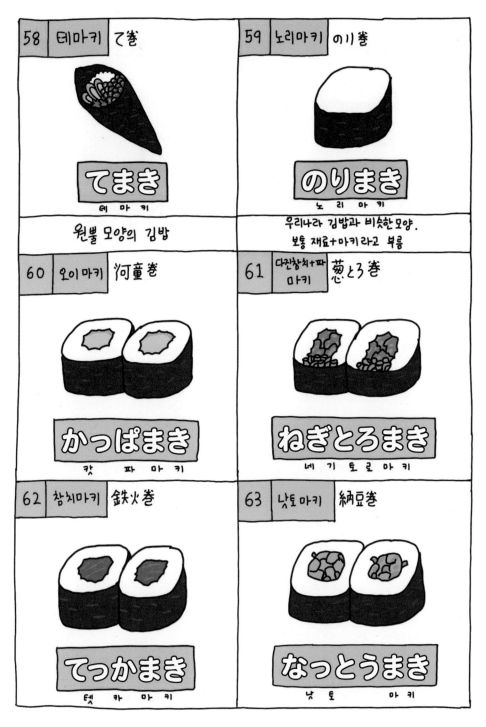	
てまき 떼 마 키	**のりまき** 노 리 마 키
원뿔 모양의 김밥	우리나라 김밥과 비슷한 모양. 보통 재료+마키라고 부름
60 오이마키 河童巻	61 다진참치+파 마키 葱とろ巻
かっぱまき 캇 파 마 키	**ねぎとろまき** 네 기 토 로 마 키
62 참치마키 鉄火巻	63 낫토마키 納豆巻
てっかまき 텟 카 마 키	**なっとうまき** 낫 토 마 키

一。초밥(すし)

64	군칸마키	軍艦巻

ぐんかんまき
군　　칸　　마　키

군함처럼 생긴 김밥.
보통재료 이름으로만 부름

65	다진참치+파	葱とろ

ねぎとろ
네　기　토　로

66	참치+낫토	鮪納豆

マグロなっとう
아　구　로　낫　토

67	갈치 자투리	太刀魚

たちうお
타　치　우　오

68	성게알	海胆

ウニ
우　니

69	대게 장	蟹味噌

かにみそ
카　니　미　소

42 >> 43

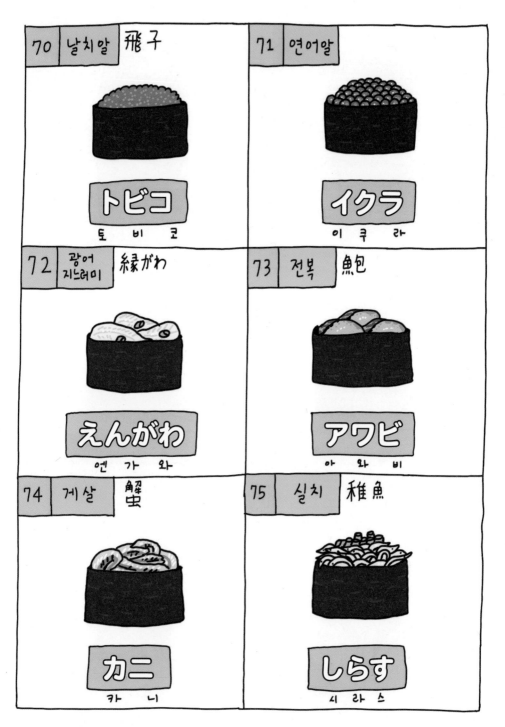

70	날치알	飛子
	トビコ	
	토 비 코	

71	연어알	
	イクラ	
	이 쿠 라	

72	광어 지느러미	縁がわ
	えんがわ	
	엔 가 와	

73	전복	魚包
	アワビ	
	아 와 비	

74	게 살	蟹 虫
	カニ	
	카 니	

75	실치	稚魚
	しらす	
	시 라 스	

一。초밥(すし)

一。초밥(すし)

11 저기, 계산해주세요.

すみません。
おかいけいおねがいします。
(스미마센, 오카이케이 오네가이시마스)

네

12 얼마예요?

いくらですか？
(이쿠라 데스카?)

역시 엄청 많이 나왔다.

4600엔 입니다.

13 잘 먹었습니다.

ごちそうさまでした。
(고치소 사마데시타)

아리가또 고자이마스

통통

역시..
오늘도 과식 했군..

초밥 すし

다음엔
뭘 먹지..

-단어-

1. 참치 [鮪] まぐろ
   _{マグロ}

2. 연어 [鮭] サケ, サーモン
   _{サケ　サモン}

3. 방어 [鰤] ブリ
   _{ブリ}

4. 고등어 [鯖] サバ
   _{サバ}

5. 전갱이 [鯵] アジ
   _{アジ}

6. 송어 [鱒] マス
   _{マス}

7. 가다랑어 [鰹] カツオ
   _{カツオ}

8. 날치 [飛魚] トビウオ
   _{トビウオ}

9. 꽁치 [秋刀魚] サンマ
   _{サンマ}

10. 학꽁치 [針魚] さより
    _{サヨリ}

11. 열빙어 [柳葉魚] シシャモ

12. 정어리치어 [稚魚] しらす

13. 갈치 [太刀魚] タチウオ

14. 광어 [廣魚] ヒラメ

15. 도미 [鯛] タイ

16. 정어리 [鰯] イワシ

17. 중간나이의 전어 [小鰭] こはだ

18. 붕장어 [穴子] アナゴ

19. 잿방어 [間八] カンパチ

20. 복어 [河豚] ふぐ

단어

21. 광어 지느러미 [縁側] えんがわ

22. 단새우 [甘海老] あまえび

23. 삶은 새우 [茹海老] ゆでえびで

24. 갯가재 [蝦蛄] シャコ

25. 꽃새우 [猿海老] さるえび

26. 보리새우 [車蝦] くるまえび

27. 모란새우 [海老] ボタンエビボタン

28. 피조개 [赤貝] アカガイ

29. 가리비 [帆立貝] ホタテガイ

30. 대합 [蛤] ハマグリ

31. 전복 [鮑] アワビ ^{아 와 비}

32. 소라 [栄螺] サザエ ^{사 자 에}

33. 키조개 [玉珧] タイラがい ^{타 이 라 가 이}

34. 새조개 [鳥貝] トリがい ^{토 리 가 이}

35. 함박조개 [北寄貝] ほっきがい ^{홋 키 가 이}

36. 모시조개 [浅蜊] アサリ ^{아 사 리}

37. 왕우럭조개 [水松貝] みるがい ^{미 루 가 이}

38. 연어알 イクラ ^{이 쿠 라}

39. 성게알 [海胆] ウニ ^{우 니}

40. 명란 [明太子] めんたいこ ^{멘 타 이 코}

단어

41. 날치알 [飛子] トビコ

42. 청어알 [数の子] かずのこ

43. 문어 [蛸] たこ

44. 게 [蟹] カニ

45. 오징어 [烏賊] イカ

46. 해삼 [海鼠] なまこ

47. 유부초밥 [稲荷寿司] いなりずし

48. ~타타키 たたき

49. 치라시즈시 [散らす寿司] ちらしずし

50. 계란초밥 [玉子寿司] たまごすし

51. (참치) 중뱃살 [中トロ] ちゅうトロ

52. (참치) 대뱃살 [大トロ] おおトロ

53. (참치) 등살 [赤身] あかみ

54. 나카오치 [中落ち] なかおち

55. 빈토로 [鬢長] ビントロ

56. 즈케마구로 [漬鮪] づけマグロ

57. 토로아부리 [トロ炙り] トロあぶり

58. 테마키 [手巻] てまき

59. 노리마키 [のり巻] のりまき

60. 오이마키 [河童巻] かっぱまき

61. 다진참치+파마키 [葱とろ巻] ^{ネギトロマキ}ねぎとろまき

62. 참치마키 [鉄火巻] ^{テッカマキ}てっかまき

63. 낫토마키 [納豆巻] ^{ナットウマキ}なっとうまき

64. 군칸마키 [軍艦巻] ^{グンカンマキ}ぐんかんまき

65. 다진참치+파 [葱とろ] ^{ネギトロ}ねぎとろ

66. 참치+낫토 [鮪納豆] ^{マグロナット}マグロなっとう

67. 갈치자투리 [太刀魚] ^{タチウオ}たちうお

68. 성게알 [海胆] ^{ウニ}ウニ

69. 대게장 [蟹味噌] ^{カニミソ}かにみそ

70. 날치알 [飛子] ^{トビコ}トビコ

71. 연어알 イクラ
_{이 쿠 라}

72. 광어 지느러미 [縁がわ] えんがわ
_{엔 가 와}

73. 전복 [鮑] アワビ
_{아 와 비}

74. 게살 [蟹] カニ
_{카 니}

75. 실치 [稚魚] しらす
_{시 라 스}

단어

마구로 (まぐろ)는 참치!

二

고기 にく

여기는
고베

더워..

나는 왜 이 더위에 고기를
굽고 있지...?

치이이익

고베에 왔으니,
아무 생각도 없이
가장 먼저
고깃집에 들어와
버렸다.

원래 고기를 먹을땐 야채를 같이 먹는 편이지만, 오늘은 왠지 고기만 먹고 싶다.

어느새 마지막 조각이군..

우물
우물

역시 처음엔 다리삼각살(トモ サンカク)로 시작하기 잘 했다. 지금 딱 좋아.

일단 메뉴를.. 앗! 판부터 갈아야겠다.

二。고기(にく)

14 여기 판 갈아주세요.

アミを変えてください。
(아미오 카에테쿠다 사이)

아, 네
잠시만 기다려
주세요.

앗! 감사합니다

더 필요하신 것
있으면 말씀해 주세요

네, 조금 이따가 고기를 더 시킬게요. 감사합니다.

음.. 엄청 친절 하시네. 헤헤, 메뉴를 한번 볼까.

음.. 너무 많긴 하다. 빨리 시켜야 해.

二。 고기(にく)

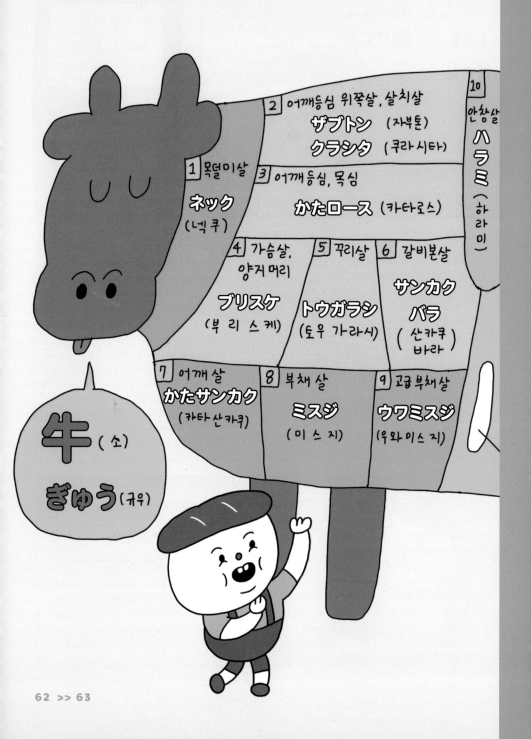

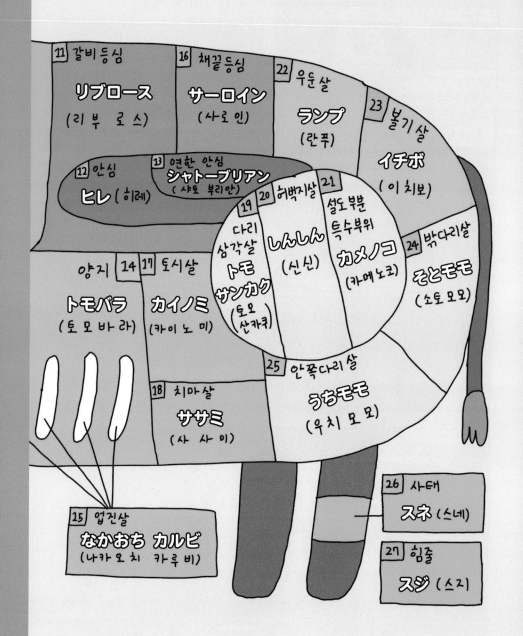

11 갈비등심
リブロース
(리부 로 스)

16 채끝등심
サーロイン
(사로인)

22 우둔살
ランプ
(란 푸)

23 불기살
イチボ
(이 치보)

12 안심
ヒレ (히레)

13 연한 안심
シャトーブリアン
(샤토 부리안)

20 허벅지살
しんしん
(신 신)

21 설도부분 특수부위
カメノコ
(카메노코)

19 다리 삼각살
トモ サンカク
(토모 산카쿠)

24 밖다리살
そとモモ
(소토 모모)

양지

14

17 토시살
カイノミ
(카이노미)

トモバラ
(토모바라)

25 안쪽다리살
うちモモ
(우치 모모)

18 치마살
ササミ
(사 사 미)

15 업진살
なかおち カルビ
(나카오치 카루비)

26 사태
スネ (스네)

27 힘줄
スジ (스지)

네,바로 가져다 드릴게요.

여기 안창살(ハラミ)이랑 우둔살(ランプ) 주세요~

헤헤 좋았어. 적절하게 잘 시킨것 같군.

주문하신 안창살(ハラミ)이랑 우둔살(ランプ) 나왔습니다.

자, 그럼 또 다시 구워 볼까.

헤헤 우둔살부터! 다올려 다올려

치이이이이익

푸욱

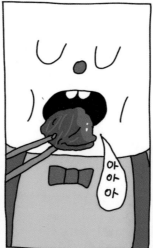

아아아

역시 고기와 흰쌀밥의 조화란!

금방 다 먹을 것 같아. 빨리 빨리 다른 고기도 시켜 놓자.

二。고기(にく)

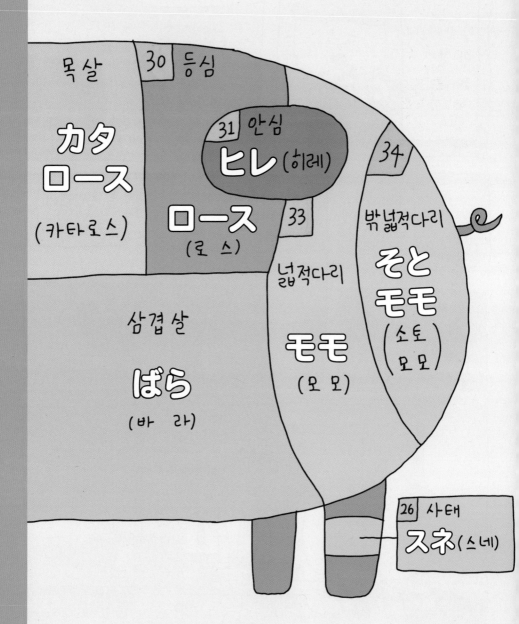

목살

30 등심

カタ
ロース
(카타로스)

31 안심
ヒレ (히레)

ロース
(로스)

33

34

밖넓적다리
そと
モモ
(소토
모모)

넓적다리

モモ
(오모)

삼겹살

ばら
(바라)

26 사태
スネ (스네)

음, 보통 돼지 구이는 잘 안 파는데 이 집엔 돼지구이 메뉴가 있네?

여기 삼겹살(バラ)이랑 목살(カタロース) 주세요.

네

음, 두개는 너무 많나.. 욕심 부리는 것 같아.

아, 삼겹살(バラ)만 주세요. 죄송합니다.

네

음, 현명했어. 좀 멋있었다.

두 명이요.

二。고기(にく)

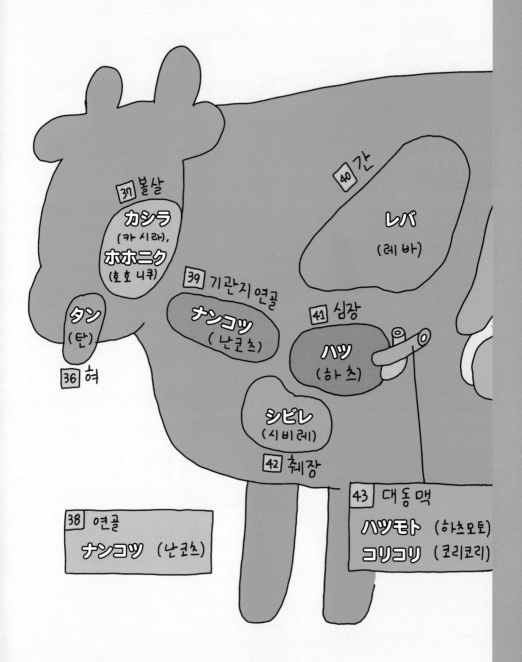

37 볼살
カシラ
(카시라),
ホホニク
(호호니쿠)

39 기관지 연골
ナンコツ
(난코츠)

タン
(탄)

36 혀

40 간
レバ
(레바)

41 심장
ハツ
(하츠)

シビレ
(시비레)

42 췌장

38 연골
ナンコツ (난코츠)

43 대동맥
ハツモト (하츠모토)
コリコリ (코리코리)

46 미노 산도: 소의 1위주머니 중에서도
고기와 비계 양쪽을 맛볼 수 있는 부위

50 콩팥
マメ
(마 메)

44 횡경막
ハラミ (하라미)

51 창자

ホルモン
(호루몬)

54 직장

ミノサンド
(미노산도)

45 위
ミノ，ヤン
(미노) (양)

テッポウ
(텟포우)

コブチャン
(코부찬)

テッチャン
(텟챤)

ギャラ
(갸라)

ヒモ
(히모)

ダイチョウ
(다이 쵸우)

コブクロ
(코부 쿠로)

ギアラ
(기아라)

センマイ
(센마이)

マルチョウ
(마루쵸우)

シマチョウ
(시마 쵸우)

49 막창

52 소장

55 자궁

48 천엽

53 대장

47 벌집위
ハチノス
(하치노스)

56 꼬리
テル (테루)

57 아킬레스 건
アキレス (아키레스)

二。고기(にく)

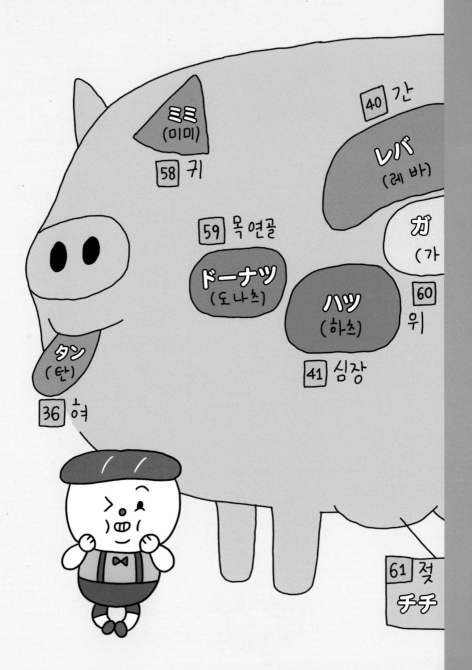

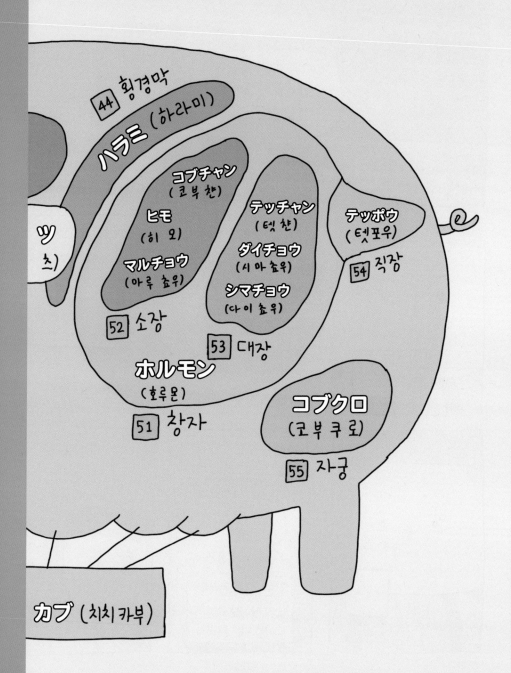

44 횡경막
ハラミ (하라미)

コブチャン
(코부챤)
ヒモ
(히 모)
マルチョウ
(아루 쵸우)

52 소장

テッチャン
(텟챤)
ダイチョウ
(시마 쵸우)
シマチョウ
(다이 쵸우)

53 대장

テッポウ
(텟포우)

54 직장

ツ
츠)

ホルモン
(호루몬)

51 창자

コブクロ
(코부쿠로)

55 자궁

カブ (치치 카부)

음.. 내 주문이 아니군.

진정해!!
아마 추어같이 뭐하는 거야!

남은 고기로 마음을 다잡자.

어? 다 먹었네...

으아악!!
아까 괜히 하나 취소 했나!!

二。고기(にく)

실례합니다.

주문하신 것 나왔습니다.

오옷! 나이스 타이밍이다!
역시 난 프로야.

치이이익

그럼 이제 다시 구워볼까.

치이이이이이익

치이이이이익

역시.. 양념이 잘 되어 있어서
이것도 밥이랑 먹으니 술술 들어간다.

음.. 어느새 거의 다먹어
버렸네..

꼬들 꼬들, 짭쪼롬
이맛 이야. 헤헤..

여기 계산해 주세요.

네

15 따로 따로 부탁드려요.

べつべつでおねがいします。
(베쯔 베쯔데 오 네가이시 마스)

二。고기(にく)

고기にく

다음엔
뭘 먹지..

-단어-

소고기 [牛肉] ぎゅうにく
규 니 꾸

1. 목덜미살 ネック
넥 쿠

2. 어깨등심 위쪽살, 살치살 ザブトン, クラシタ
자 부 톤　쿠 라 시 타

3. 어깨등심, 목심 カタロース
카 타 로 스

4. 가슴살, 양지머리 ブリスケ
부 리 스 케

5. 꾸리살 トウガラシ
토 우 가 라 시

6. 갈비본살 サンカクバラ
산 카 쿠 바 라

7. 어깨살 カタサンカク
카 타 산 카 쿠

8. 부채살 ミスジ
미 스 지

9. 고급부채살 ウワミスジ
우 와 미 스 지

10. 안창살 ハラミ

11. 갈비등심 リブロース

12. 안심 ヒレ

13. 연한 한심 シャトーブリアン

14. 양지 トモバラ

15. 업진살 なかおちカルビ

16. 채끝등심 サーロイン

17. 토시살 カイノミ

18. 치마살 ササミ

19. 다리삼각살 トモサンカク

20. 허벅지살 <ruby>しんしん<rt>신 신</rt></ruby>

21. 설도부분 특수부위 <ruby>カメノコ<rt>카 메 노 코</rt></ruby>

22. 우둔살 <ruby>ランプ<rt>란 푸</rt></ruby>

23. 볼기살 <ruby>イチボ<rt>이 치 보</rt></ruby>

24. 밖다리살 <ruby>そともも<rt>소 토 모 모</rt></ruby>

25. 안쪽다리살 <ruby>うちもも<rt>우 치 모 모</rt></ruby>

26. 사태 <ruby>スネ<rt>스 네</rt></ruby>

27. 힘줄 <ruby>スジ<rt>스 지</rt></ruby>

돼지고기 [豚肉] <ruby>ぶたにく<rt>부 타 니 쿠</rt></ruby>

28. 어깨살 <ruby>カタ<rt>카 타</rt></ruby>

29. 목살 カタロース
^{카 타 로 스}

30. 등심 ロース
^{로 스}

31. 안심 ヒレ
^{히 레}

32. 삼겹살 ばら
^{바 라}

33. 넓적다리 もも
^{모 모}

34. 밖넓적다리 そともも
^{소 토 모 모}

35. 족발 とんぞく
^{돈 조 쿠}

소 [牛] ぎゅう
^{규 우}

36. 혀 タン
^탄

37. 볼살 カシラ, ホホニク
^{카 시 라 호 호 니 쿠}

38. 연골 ナンコツ
_{난 코 츠}

39. 기관지연골 ナンコツ
_{난 코 츠}

40. 간 レバ
_{레 바}

41. 심장 ハツ
_{하 츠}

42. 췌장 シビレ
_{시 비 레}

43. 대동맥 ハツモト, コリコリ
_{하 츠 모 토   코 리 코 리}

44. 횡경막 ハラミ
_{하 라 미}

45. 위 ミノ, ヤン
_{미 노   양}

46. 미노산도 ミノサンド
_{미 노 산 도}

47. 벌주름위 ハチノス
_{하 치 노 스}

48. 천엽 センマイ
_{센 마 이}

49. 막창 ギャラ, ギアラ
_{갸 라   기 아 라}

50. 콩팥 マメ
_{마 메}

51. 창자 ホルモン
_{호 루 몬}

52. 소장 コブチャン, ヒモ, マルチョウ
_{코 부 찬   히 모   마 루 쵸 우}

53. 대장 テッチャン, ダイチョウ, シマチョウ
_{텟 챤   다 이 쵸 우   시 마 쵸 우}

54. 직장 テッポウ
_{텟 포 우}

55. 자궁 コブクロ
_{코 부 쿠 로}

56. 꼬리 テール
_{테 루}

57. 아킬레스건 アキレス
_{아 키 레 스}

단어

돼지 [豚] ぶた

58. 귀 ミミ

59. 목연골 ドーナツ

60. 위 ガツ

61. 젖 チチカブ

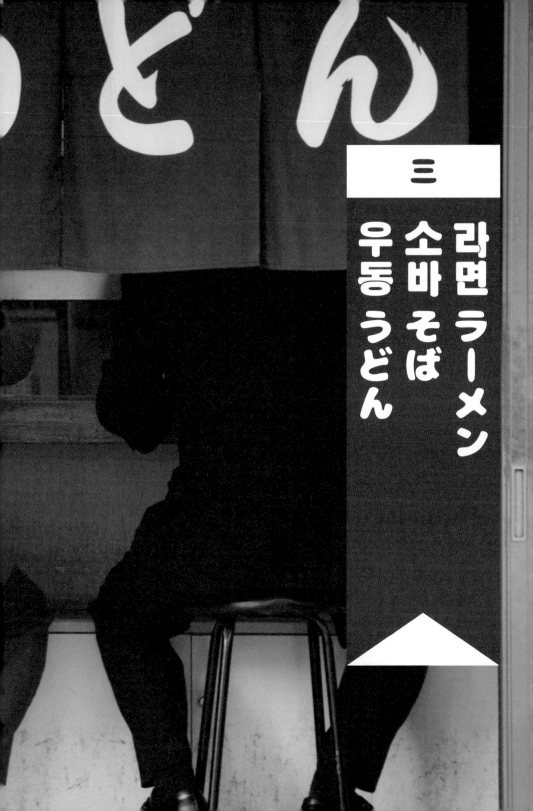

저거 놓치면 지각인데.. 큰일이다.

따르르르릉

아, 네. 제가 방금 버스를.. 아

헐.. 다행히 시간이 늦춰졌군.. 살았다.

아,네, 아닙니다. 괜찮아요.

네. 이따가 뵙는걸로.. 자,그럼.

꼬르르륵

벌써 4시네..

헉! 급하게 일하느라 오늘 한끼도 못먹었잖아!

지금 이 정도 공복이라면 두 끼도 먹을 수 있을 것같아.

일단 침착해.

三。우동·소바·라면(うどん·そば·ラーメン)

일단, 어디 한번 둘러보자.

어? 바로 앞에..

우동이랑 소바를 같이 하네.. 둘다 맛있을것 같다..

그리고 난 고민할 힘도 없다..

꼬르르륵

이랏샤이마세! 히토리 데스까

히토리 데스

三。우동・소바・라면(うどん・そば・ラーメン)

1 카케우동	2 붓 카케 우동
かけうどん 카 케 우 동 가장 기본 적인 우동	**ぶっかけうどん** 붓 카 케 우 동 국물이 면을 적실정도만 끼얹는 우동
3 츠케 (자루) 우동	4 키츠네 우동
つけ(ざる)うどん 츠 케 (자 루) 우 동 찍어먹는 냉우동	**きつねうどん** 키 츠 네 우 동 유부우동
5 타누키우동	6 덴푸라 우동
たぬきうどん 타 누 키 우 동 튀김 부스러기 우동	**てん(天)ぷらうどん** 텐 푸 라 우 동 튀김우동

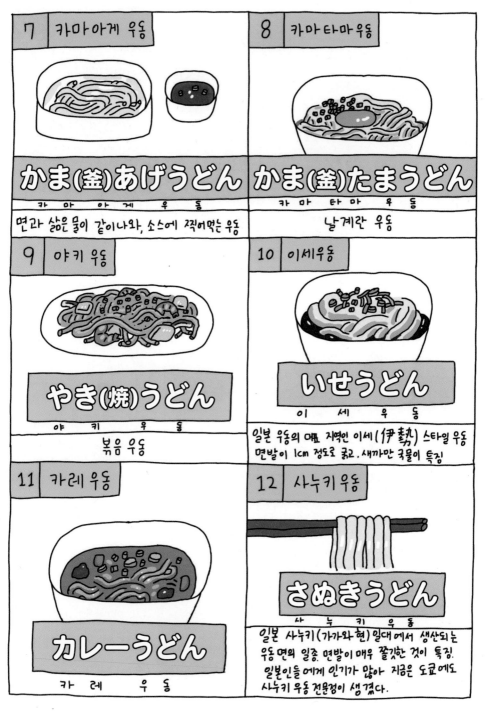

| 7 | 카마아게 우동 | 8 | 카마타마우동 |

かま(釜)あげうどん

카 마 아 게 우 동

면과 삶은 물이 같이나와, 소스에 적어먹는 우동

かま(釜)たまうどん

카 마 타 마 우 동

날계란 우동

| 9 | 야키 우동 | 10 | 이세우동 |

やき(焼)うどん

야 키 우 동

볶음우동

いせうどん

이 세 우 동

일본 우동의 매카 지역인 이세(伊勢) 스타일 우동
면발이 1cm 정도로 굵고, 새까만 국물이 특징

| 11 | 카레 우동 | 12 | 사누키 우동 |

カレーうどん

카 레 우 동

さぬきうどん

사 누 키 우 동

일본 사누키(가가와 현) 일대 에서 생산되는
우동 면의 일종. 면발이 매우 쫄깃한 것이 특징.
일본인 들에게 인기가 많아 지금은 도쿄에도
사누키 우동 전문점이 생겼다.

三。우동・소바・라면(うどん・そば・ラーメン)

소바도 먹어야 되니까 조금 배가 안 부를 수 있는 걸로...

차가운 걸로 먹어 볼까.

여기 자루우동 (ざるうどん) 하나 주세요.

아, 네

이 애매한 시간에 사람이 좀 있네..

아냐..집중! 배가 고프니까 소바 메뉴를 미리 보고 있어야겠다. 시간을 효율적으로 써야해.

13 모리 소바

もり(盛り)そば
모 리 소 바

가장 기본적인 소바 (메밀국수)

14 자루소바

ざるそば
자 루 소 바

모리소바 위에 김가루를 얹은 것

15 카케 소바

かけそば
카 케 소 바

국수가 장국에 담겨 나오는 소바

16 덴푸라소바

てん(天)ぷらそば
덴 푸 라 소 바

튀김 소바

17 타누키 소바

たぬきそば
타 누 키 소 바

튀김 부스러기를 얹는 소바

三。우동・소바・라면(うどん・そば・ラーメン)

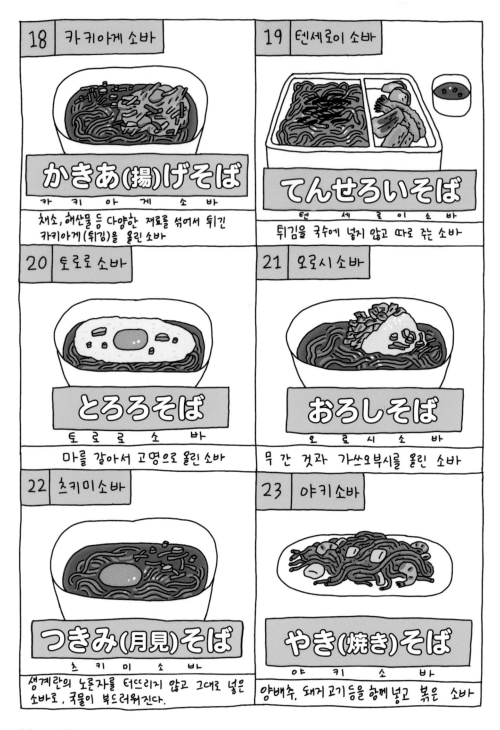

| 18 | 카키아게 소바 | 19 | 텐세로이 소바 |

かきあ(揚)げそば
카 키 아 게 소 바

채소, 해산물 등 다양한 재료를 섞어서 튀긴
카키아게(튀김)을 올린 소바

てんせろいそば
텐 세 로 이 소 바

튀김을 국수에 넣지 않고 따로 주는 소바

| 20 | 토로로 소바 | 21 | 오로시 소바 |

とろろそば
토 로 로 소 바

마를 갈아서 고명으로 올린 소바

おろしそば
오 로 시 소 바

무 간 것과 가쓰오부시를 올린 소바

| 22 | 츠키미소바 | 23 | 야키 소바 |

つきみ(月見)そば
츠 키 미 소 바

생계란의 노른자를 터뜨리지 않고 그대로 넣은
소바로, 국물이 부드러워진다.

やき(焼き)そば
야 키 소 바

양배추, 돼지 고기 등을 함께 넣고 볶은 소바

실례합니다.

맛있겠다..

앗

츄릅

주문하신 자루우동(ざるうどん) 나왔습니다.

헤헤, 파랑 무 다 넣어!!

푸욱

三。우동·소바·라면(うどん·そば·ラーメン)

오오! 사누키 우동 (さぬきうどん)인가? 면발이 엄청 쫄깃하군.

푸욱

호로로로록

엥?

三。우동・소바・라면 (うどん・そば・ラーメン)

역시 그래도 우동 집인데 튀김은 먹어야겠지. 하지만 눅눅한 것 말고 따로 나오는 텐세로이 소바!

생각해보니 물도 안 아꼈네.

숨 좀 잠깐 돌리자..

주문하신 텐세로이 소바 (てんせろいそば) 나왔습니다.

우와!
튀김 많이 준다.
가지, 고추랑
새우, 고구마?

음...
바삭하고
담백해.
좋아, 좋아.

푸욱

자루우동이랑 소스는 비슷한데
소바면이라 뭔가 미묘하게 다르네.
맛있어 그래도.. 그런데..

켁!

생각해보니 국물있는
면을 안시키고 계속 찍어
먹는 것만 시켰잖아!!??

三。우동・소바・라면(うどん・そば・ラーメン)

둘 다 배부르면 안 되는 메뉴를 골라야 한다는 압박감에... 아마추어같이... 실망이야...

쓰윽

반성하면서 먹자.

호로로록! 호로로록!

고치소 사아
데시타
(잘먹었습니다)

잘 먹었지만, 국물을 못 먹은 게
마음에 걸린다... 아직 시간도
좀 있고..

三。우동・소바・라면(うどん・そば・ラーメン)

...

나도 모르게 라멘 가게 앞에 도착해 버렸다.

그럼 뭐, 들어가는 수밖에!

드르륵

으음.. 딱 라멘집 냄새가 난다. 좋아, 좋아, 이번엔 꼭 국물을..

헤헤 오늘은 다 구석자리에 앉아야지.

삐—걱

영차

하루에 면을 연달아 3개나 먹다니.. 오늘의 마지막 식사가 될것 같으니 신중하게 골라야 돼.

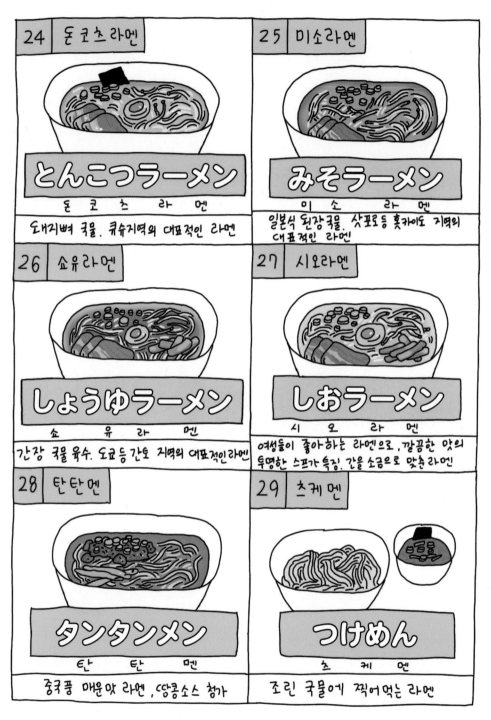

24 돈코츠라멘	25 미소라멘
とんこつラーメン	**みそラーメン**
돈 코 츠 라 멘	미 소 라 멘
돼지뼈 국물. 큐슈지역의 대표적인 라멘	일본식 된장국물. 삿포로등 홋카이도 지역의 대표적인 라멘

26 쇼유라멘	27 시오라멘
しょうゆラーメン	**しおラーメン**
쇼 유 라 멘	시 오 라 멘
간장 국물 육수. 도쿄등 간토 지역의 대표적인 라멘	여성들이 좋아하는 라멘으로, 깔끔한 맛의 투명한 스프가 특징. 간을 소금으로 맞춘 라멘

28 탄탄멘	29 츠케멘
タンタンメン	**つけめん**
탄 탄 멘	츠 케 멘
중국풍 매운맛 라멘, 땅콩소스 첨가	조린 국물에 찍어먹는 라멘

三。우동・소바・라면(うどん・そば・ラーメン)

30	아부라소바
	あぶら(油)そば
	아 부 라 소 바

기름에 섞어먹는 비빔라멘

31	니보시라멘
	にぼ(煮干)しラーメン
	니 보 시 라 엔

말린 멸치 육수 국물 라멘

흐음...

일단 가장 기본인 돈코츠 라멘에..

토핑을 추가해서 스페셜하게!

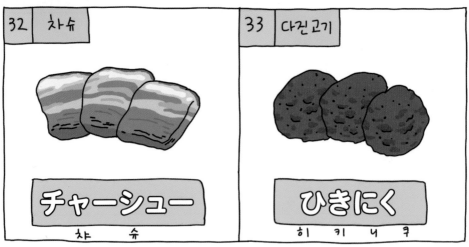

32	차슈
	チャーシュー
	챠 슈

33	다진고기
	ひきにく
	히 키 니 쿠

34 달걀 玉子	35 마늘 大蒜
たまご 타 아 고	ニンニク 닌 니 쿠
36 김 海苔	37 파 葱
のり 노 리	ネギ 네 기
38 숙주나물 緑豆	39 죽순 笋干
もやし 모 야 시	メンマ 멘 마

三。우동・소바・라면(うどん・そば・ラーメン)

일단 차슈는 당연히 넣고, 아까 계속 간장 소스에 찍어 먹어서 느끼할지도 모르니 마늘도..

그리고 .. 아! 당연히 달걀도 추가! 숙주는 조금 부담스러울지도 모르니 죽순 추가!

여기 돈코츠에 차슈(チャーシュー), 마늘(ニンニク), 달걀(たまご), 죽순(メンマ) 추가요.

음, 오바했나.. 다먹을 수 있을 것 같은데..

음, 맥주도 먹고 싶지만 그건 정말 불가능..

三。우동・소바・라면(うどん・そば・ラーメン)

배가 터질 것 같지만 아이스크림은 잘도 들어가는군. 냐미

오늘도 역시 과식했다.

통통

어? 잠깐만! 약속!!

라면 ラーメン
소바 そば
우동 うどん

-단어-

1. 카케우동 ^{카 케 우 동}かけうどん

2. 붓카케우동 ^{붓 카 케 우 동}ぶっかけうどん

3. 츠케(자루)우동 ^{츠 케 자 루 우 동}つけ(ざる)うどん

4. 키츠네우동 ^{키 츠 네 우 동}きつねうどん

5. 타누키우동 ^{타 누 키 우 동}たぬきうどん

6. 덴푸라우동 ^{덴 푸 라 우 동}てん(天)ぷらうどん

7. 카마아게우동 ^{카 마 아 게 우 동}かま(釜)あげうどん

8. 카마타마우동 ^{카 마 타 마 우 동}かま(釜)たまうどん

9. 야키우동 ^{야 키 우 동}やき(焼)うどん

10. 이세우동 ^{이 세 우 동}いせうどん

11. 카레우동 カレーうどん

12. 사누키우동 さぬうどん

13. 모리소바 もり(盛り)そば

14. 자루소바 ざるそば

15. 카케소바 かけそば

16. 덴푸라소바 てん(天)ぷらそば

17. 타누키소바 たぬきそば

18. 카키아게소바 かき(揚)あげそば

19. 텐세로이소바 てんせろいそば

20. 토로로소바 とろろそば

21. 오로시소바 おろしそば

22. 츠키미소바 つきみ(月見)そば

23. 야키소바 やき(焼)そば

24. 돈코츠라멘 とんこつら-めん

25. 미소라멘 みそら-めん

26. 쇼유라멘 しょうゆらーめん

27. 시오라멘 しおら-めん

28. 탄탄멘 タンタンメン

29. 츠케멘 つけめん

30. 아부라소바 あぶら(油)そば

31. 니보시라멘 にぼし(煮干)らーめん

32. 차슈 チャーシュー

33. 다진고기 ひきにく

34. 달걀 [玉子] たまご

35. 마늘 [大蒜] ニンニク

36. 김 [海苔] ノリ

37. 파 [葱] ネギ

38. 숙주나물 [禄豆] もやし

39. 죽순 [筍干] メンマ

단어

四

튀김 てんぷら
덮밥 どんぶり

일단 어디서 비부터 피하자.

응?

덮밥과 튀김이라... 최고의 조합이네..

별로 배는 안 부른데, 비를 피한다는 핑계로 들어가서 먹는 건 좀 그렇겠지?

四。 덮밥・튀김(どんぶり・てんぷら)

1 규동

ぎゅう(牛)丼
규　　　동
소고기 덮밥

2 부타동

ぶた(豚)丼
부　　타　　동
돼지고기 덮밥

3 오야코동

おやこ(親子)丼
오　야　코　동
부모와 자식이라는 뜻의 닭고기와 계란 덮밥

4 사케오야코동

さけ(鮭)おやこ(親子)丼
사　케　오　야　코　동
연어와 연어알 덮밥

5 사케동

さけ(鮭)丼
사　케　　동
연어 덮밥

6 카츠동

カツ丼
카　츠　동
돈까스 덮밥

四。덮밥・튀김(どんぶり・てんぷら)

7 텐동	8 우나동
てん(天)丼	うな(鰻)丼
텐 동	우 나 동
튀김 덮밥	장어 덮밥

9 카이센동	10 텟카동
かいせん(海鮮)丼	てっか(鉄火)丼
카 이 센 동	텟 카 동
해물 덮밥	초밥용 밥 + 참치 덮밥

11 마구로동	12 네기토로동
まぐろ(鮪)丼	ねぎ(葱)とろ丼
마 구 로 동	네 기 토 로 동
참치 덮밥	파 + 다진 참치 덮밥

여기 카이센동(かいせん丼) 하나 주세요.

네

카이 센동... 예전부터 한번 먹어 보고 싶었어..

여기 돈가스랑 밥 추가해주세요!

네

음.. 맛있는 걸 추가해 먹을 때는 기분이 행복 하지..

절레

절레

하지만 너무 과하면 먹고 나서 조금 후회 한단 말이야.. 내가 항상 반복하는 실수 중 하나야..

四。 덮밥・튀김(どんぶり・てんぷら)

이제 밥이랑 같이!

으음,
최고 최고!
덮밥다먹기
전에 튀김도
시켜서 먹어야
겠다.

해산물은 카이센동에
다 있으니까 다른 튀김종류로..

어디 보자..

四。덮밥・튀김(どんぶり・てんぷら)

13 코로케	14 덴뿌라
コロッケ	**てん(天)ぷら**
코 롯 케	텐 뿌 라
코로켓의 일본 버전	튀김가루 튀김

15 후라이	16 카라아게
フライ	**からあげ**
후 라 이	카 라 아 게
빵가루 튀김	재료에 밑간후 얇게 튀기는 튀김

17 감자 甘藷	18 연근 蓮根
ジャガ	**れんこん**
쟈 가	렌 콘

19 마 長芋	20 고구마 薩摩芋
ながいも	さつまいも
나 가 이 모	사 츠 마 이 모
21 아스파라가스	22 새송이 버섯
アスパラガス	エリンギ
아 스 파 라 가 스	에 린 기
23 팽이 버섯 えのき茸	24 표고 버섯 椎茸
えのきたけ	しいたけ
에 노 키 타 케	시 이 타 케

四。덮밥・튀김(どんぶり・てんぷら)

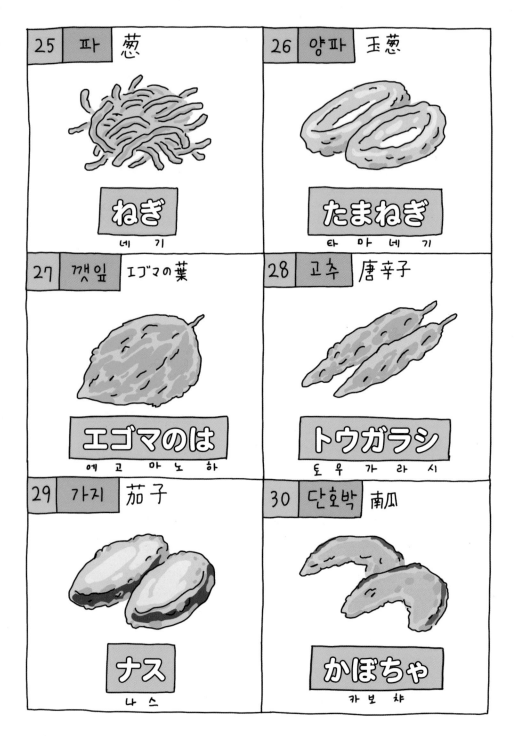

25 파 葱	26 양파 玉葱
ねぎ 네 기	**たまねぎ** 타 마 네 기
27 깻잎 エゴマの葉	28 고추 唐辛子
エゴマのは 에 고 마 노 하	**トウガラシ** 토 우 가 라 시
29 가지 茄子	30 단호박 南瓜
ナス 나 스	**かぼちゃ** 카 보 챠

흐음

역시 튀김종류는 항상 많아...
하지만 이번에는 프로답게
한번에! 고민하지 않겠어!

여기 새송이버섯 (エリンギ)이랑 양파 (だまねぎ)랑
단호박 (カボチャ) 튀김 주세요.

네

이제 튀김이 나올 때까지
덮밥을 천천히 먹으면 되겠다.
좋아, 완벽해!

해산물은 덮밥으로,
각종 채소는 튀김으로,
정말 깔끔한 조합이다.

四。덮밥・튀김(どんぶり・てんぷら)

투둑둑투투툭

투둑투둑툭

그나저나 비가 계속 오네..
다 먹을 때 정오면 그치겠지..

투둑투둑투툭

투툭투투툭

저 정오면..
안 그칠 것 같기도..

실례합니다. 주문하신 튀김이요~

우와, 색깔 곱다!

그럼, 어디
덮밥이랑
같이..

없네...

역시... 실패다..
물론 튀김만 먹을수도
있지만, 살짝아쉬워.
그렇다고 덮밥을
또 먹자니 배부르고..

끄응..

하앗! 뭔가 엄청난 걸
까먹고 있는 느낌이.. 그건..
그건.. 튀김엔.. 바로..

여기 생맥주
하나 주세요!

네

여기 생맥주요.

역시 튀김엔 맥주지.

꿀꺽

꿀꺽

四。덮밥・튀김(どんぶり・てんぷら)

푹

투투투투툭

투투투투툭

아직도
비가 안그쳤네..

여기 생맥주하나
더 주세요ㄴ

네

투투투투툭!

투투투툭!

음.. 맛있어
맛있어..

튀김 てんぷら
덮밥 どんぶり

-단어-

1. 규동 ぎゅ(牛)丼

2. 부타동 ぶた(豚)丼

3. 오야코동 おやこ(親子)丼

4. 사케오야코동 サケ(鮭)おやこ(親子)丼

5. 사케동 サケ(鮭)丼

6. 카츠동 カツ丼

7. 텐동 てん(天)丼

8. 우나동 うな(鰻)丼

9. 카이센동 かいせん(海鮮)丼

10. 텟카동 てっか(鉄火)丼

11. 마구로동 まぐろ(鮪)丼

12. 네기토로동 ねぎ(葱)とろ丼

13. 코로케 コロッケ

14. 텐뿌라 てん(天)ぷら

15. 후라이 フライ

16. 카라아게 からあげ

17. 감자 [甘藷] ジャガ

18. 연근 [蓮根] れんこん

19. 마 [長芋] ナガイモ

20. 고구마 [薩摩芋] サツマイモ

단어

21. 아스파라거스 <ruby>アスパラガス<rt>아 스 파 라 가 스</rt></ruby>

22. 새송이버섯 <ruby>エリンギ<rt>에 린 기</rt></ruby>

23. 팽이버섯 [茸] <ruby>えのきたけえのき<rt>에 노 키 타 케</rt></ruby>

24. 표고버섯 [椎茸] <ruby>しいたけ<rt>시 이 타 케</rt></ruby>

25. 파 [葱] <ruby>ねぎ<rt>네 기</rt></ruby>

26. 양파 [玉葱] <ruby>たまねぎ<rt>타 마 네 기</rt></ruby>

27. 깻잎 [エゴマの葉] <ruby>エゴマのは<rt>에 고 마 노 하</rt></ruby>

28. 고추 [唐辛子] <ruby>トウガラシ<rt>토 우 가 라 시</rt></ruby>

29. 가지 [茄子] <ruby>ナス<rt>나 스</rt></ruby>

30. 단호박 [南瓜] <ruby>カボチャ<rt>카 보 챠</rt></ruby>

단어

튀김 중독은
끊기 어렵단
말야..

五

전골 なべ

여기는
삿포로

헤에에

에 추!!!

헉! 죄송합니다!

아, 아니에요.
감기 조심하세요.

옷을 너무 얇게 입고 다니다가
감기에 걸려버렸다..
방심해버렸다..

五。전골(なべ)

전골이라..
정말 지금 상황에
딱 맞는 메뉴지만
난 혼자라...

오, 잠깐.
1인분도
가능하네
그렇다면..

一人分可能

이랏샤이
마세~

신발은
신발장에
넣어 주세요.

아,네.

역시 전골은 앉아서
먹어야지!

엉차!

어디 한번 볼까..

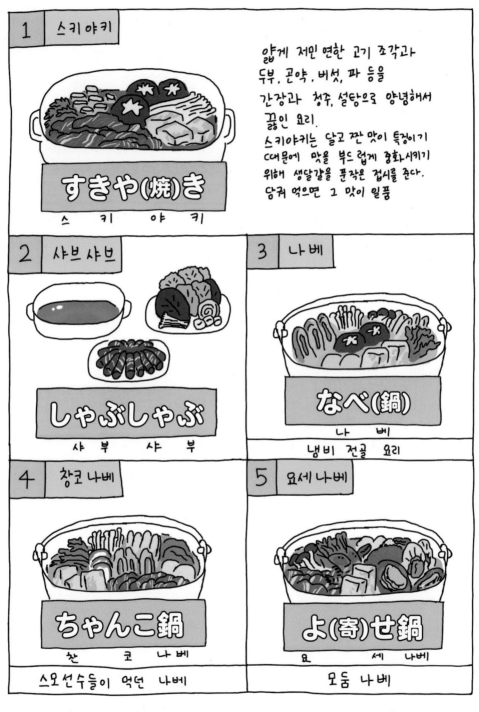

1 스키야키

얇게 저민 연한 고기 조각과
두부, 곤약, 버섯, 파 등을
간장과 청주, 설탕으로 양념해서
끓인 요리.
스키야키는 달고 짠 맛이 특징이기
C대문에 맛을 부드럽게 중화시키기
위해 생달걀을 푼 작은 접시를 준다.
담궈 먹으면 그 맛이 일품

すきや(焼)き

스　키　야　키

2 샤브샤브

しゃぶしゃぶ

샤　부　샤　부

3 나베

なべ(鍋)

나　베

냄비 전골 요리

4 창코 나베

ちゃんこ鍋

찬　코　나　베

스모선수들이 먹던 나베

5 요세 나베

よ(寄)せ鍋

요　　세　나　베

모둠 나베

五。전골(なべ)

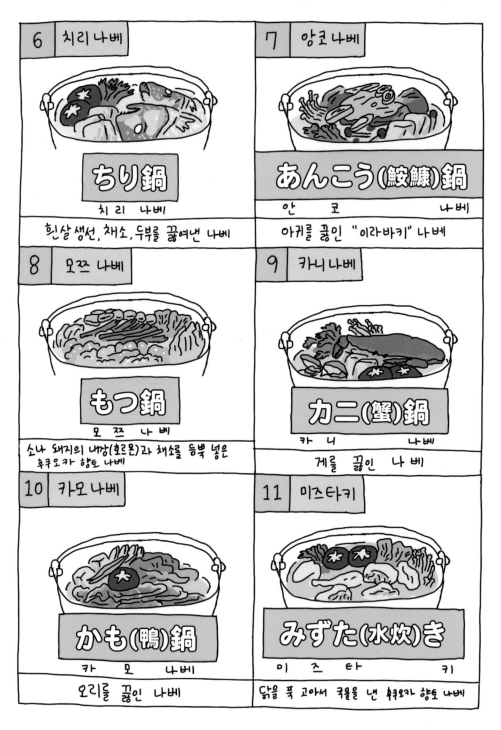

6 치리 나베

ちり鍋

치 리 나베

흰살 생선, 채소, 두부를 끓여낸 나베

7 앙코 나베

あんこう(鮟鱇)鍋

안 코 나베

아귀를 끓인 "이라바키" 나베

8 모쯔 나베

もつ鍋

모 쯔 나 베

소나 돼지의 내장(호르몬)과 채소를 듬뿍 넣은 후쿠오카 향토 나베

9 카니 나베

カニ(蟹)鍋

카 니 나베

게를 끓인 나베

10 카모 나베

かも(鴨)鍋

카 모 나베

오리를 끓인 나베

11 미즈타키

みずた(水炊)き

미 즈 타 키

닭을 푹 고아서 국물을 낸 후쿠오카 향토 나베

12 이시카리 나베	13 키리탄포 나베
いしかり(石狩)鍋	きりたんぽ鍋
이 시 카 리　　나 베	키 리 탄 포　　나 베
연어를 끓인 "홋카이도" 나베	햅쌀밥 삼나무 꼬치가 메인인 "아키타" 나베

음... 하나만 시켜 먹기에는
좀 아쉬운데..

저 분은 뭘 시킨 거지?... 이 많은 종류 중에서
하나를 시킨다면.. 뭘 시켜야 되지..

두 가지를 먹어보고 싶단 말이지..
한번 여쭤 보자.

여기요.

五。전골(なべ)

혹시, 전골 1인분 양이 많나요?

음..아마 1인분이라도 전골이기 때문에 조금 많긴 해요.

제..제가 두 가지 메뉴를 먹어보고 싶어서요.. 양을 좀 조절해 주실수 있나요?

아,네. 가능해요. 가격도 맞춰서 적당히 해드릴 게요.

오오.. 감사합니다! 그러면 모둠 나베(よせなべ) 1인분 주세요.

五。전골(なべ)

이제 드셔도 돼요.

아, 감사합니다.

음 새우는 껍질째로 먹어볼까.

음~ 살이 꽉차 있어서 껍질째로 먹어도 좋아.

으드득

으드득

그런데...

양이 그래도 엄청 많은데?

다른 것도 먹어봐야 하는데..
큰일이네.. 음 국물도 맛있다.

가리비도 있네..
흠.. 다른 메뉴는 뭘먹지..

맛있다.. 쫄깃해..
다음 메뉴는 간이 좀 강한 걸로..

그런데 이거 다 먹으면 배불러서
못 먹을 것 같은데..

어? 잠깐..

내가 지금 뭐 하는 거지..
이런 맛있는 메뉴를 앞에 두고
다 먹을 수 있을지도 모르는데
다음 메뉴나 걱정하다니..

지금 먹고 있는 것에나
집중 하자.

반성..

五。전골(なべ)

1300엔 입니다

죄송해요.. 배가 불러서 도저히 두 개는 못 먹겠...

아니에요. 괜찮습니다. 다음에 오셔서 드세요.

으~ 춥다. 그래도 속은 따뜻해서 좋다. 헤헤..

오늘도 역시 과식했군.. 1인분이 많은 건가.. 아니면 오늘 컨디션이 안좋은 건가..

음.. 저녁에 또 와서 다른 메뉴를 먹어 볼까..

전골 なべ

으으.. 추워..

-단어-

1. 스키야키 す^{スキヤ}きや(焼)^キき

2. 샤브샤브 ^{シャ ブ シャ ブ}しゃぶしゃぶ

3. 나베 ^{ナ ベ}なべ(鍋)

4. 창코나베 ^{チャン コ ナ ベ}ちゃんこ鍋

5. 요세나베 ^{ヨ セ ナ ベ}よ(寄)せ鍋

6. 치리나베 ^{チ リ ナ ベ}ちり鍋

7. 앙코나베 ^{アン コ ナ ベ}あんこ(鮟鱇)鍋

8. 모쯔나베 ^{モ ツ ナ ベ}もつ鍋

9. 카니나베 ^{カ ニ ナ ベ}かに(蟹)鍋

10. 카모나베 ^{カ モ ナ ベ}かも(鴨)鍋

11. 미즈타키 みずた(水炊)き

12. 이시카리나베 いしかり(石狩)鍋

13. 키리탄포나베 きりたんぽ鍋

추운 날엔 역시 전골!

카페 カフェ

여기는
오사카

배가 그리 고프진 않지만 뭔가
먹고 싶어..

음.. 저기 내가 좋아하는
패스트 푸드 점이 있긴
한데...

평소 같으면 바로 갔겠지만 오늘은 별로 안땡기네..

시간도 많은데 좀 더 찾아보자.

그냥 아까 게기 패스트 푸드 가게로 돌아갈까.. 배가 점점 고파지네.

응?

コーヒー

엥?

六。카페(カフェ)

뭐야 카페잖아?
하마터면 지나칠
뻔했네..
엄청 오래된 가게인데..
한번 들어가 볼까?

아.. 저기 실례합니다..

아, 어서 오세요.
편한 데 앉으세요~

하하.. 이 동네 할아버지들의 아지트인가??

반가워요~

아.. 안녕하세요.

뭔가 특이한데 편안한 느낌 나쁘지 않네.. 좋다 오히려.

헤헤, 한번 들어와 보길 잘 했다.

어디 메뉴를 볼까.

六。카페(カフェ)

6 바닐라	7 레몬
バニラ 바 니 라	レモン 레 몬
8 메론	9 사과
メロン 메 론	リンゴ, アップル 링 고 , 앗 푸 루
10 토마토	11 치즈
トマト 토 마 토	チーズ 치 즈

12	딸기 苺	13	푸딩
	イチゴ		プディング
	이 치 고		푸 딩 그

14	팥 小豆	15	단팥죽 汁粉
	アズキ		しるこ
	아 즈 키		시 루 코

16	빙수 かき氷	17	아이스크림
	かきごおり		アイスクリーム
	카 키 고 오 리		아 이 스 쿠 리 므

18	안미츠	餡蜜

あんみつ

안 미 츠

팥과 흑설탕, 과일, 묵, 떡등으로 만든 디져트

19	토스트

トースト

토 스 토

20	커피

コーヒー

코 히

21	라테

ラテ

라 테

22	햄, 베이컨

ハム、ベーコン

하므 , 베 이 쿤

23	샌드위치

サンドイッチ

산 도 잇 치

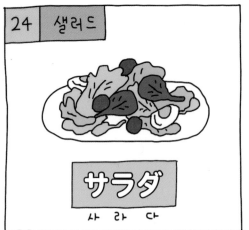

24 샐러드

サラダ
사 라 다

아, 여기 샌드위치(サンドイッチ)랑 커피(コーヒー) 하나 주세요.

네

실례지만, 자네 모자가 참 멋지구려.. 색이 곱네.

모.. 모자?

아...

아하.. 하하핫 감사합니다.

아하하하 모자에 관심이 많으시네.. 이건 모자가 아닌데..

실례합니다. 주문하신 샌드위치랑 커피 나왔어요.

오호.. 뭔가 귀엽게 나오네.. 거기다 방울 토마토까지.

호로로록

음.. 커피 맛은 잘 모르지만 편안한 맛이야.. 좋다.

집에서 만든 샌드위치 맛이네. 특별하진 않지만 맛있군..

六。카페(カフェ)

무슨 이야기길래..
저렇게 재미 있게 하실까?

정말 평화롭군..

실례합니다. 주문하신
안미츠 나왔습니다.

오옷!

음, 역시 안미츠에
아이스크림이 빠지면
섭하지.
간단한 맛이지만
그래서 더 맛있다.

六。카페(カフェ)

고치소사마데시타
(잘 먹었습니다)

아, 안녕히 계세요.

잘 가요

다음에 또와~

음.여기서 먹길
정말 잘 했다.

오늘도
역시나
과식
했어.

그래도 기분은 좋아. 다음에 또 오면
저분들 또 계시려나, 하하

카페 カフェ

다음엔 뭘 먹지..

-단어-

1. 주스 ジュース

2. 홍차 こうちゃ

3. 녹차 りょくちゃ

4. 케이크 ケーキ

5. 초코 チョコ(レート)

6. 바닐라 バニラ

7. 레몬 レモン

8. 메론 メロン

9. 사과 リンゴ, アップル

10. 토마토 トマト

11. 치즈 <ruby>チーズ<rt>치 즈</rt></ruby>

12. 딸기 <ruby>イチゴ<rt>이 치 고</rt></ruby>

13. 푸딩 <ruby>プディング<rt>푸 딩 그</rt></ruby>

14. 팥 <ruby>アズキ<rt>아 즈 키</rt></ruby>

15. 단팥죽 <ruby>しるこ<rt>시 루 코</rt></ruby>

16. 빙수 <ruby>かきごおり<rt>카 키 고 오 리</rt></ruby>

17. 아이스크림 <ruby>アイスクリーム<rt>아 이 스 쿠 리 므</rt></ruby>

18. 안미츠 <ruby>あんみつ<rt>안 미 츠</rt></ruby>

19. 토스트 <ruby>トースト<rt>토 스 토</rt></ruby>

20. 커피 <ruby>コーヒー<rt>코 히</rt></ruby>

21. 라테 ラテ

22. 햄, 베이컨 ハム, ベーコン

23. 샌드위치 サンドイッチ

24. 샐러드 サラダ

일본의 카페엔
메뉴가 다양해서
좋아.

七

이자카야 いざかや

흐음..

흐으으음..

교토의 옛 풍경을
즐기며 아이스크림을
먹으려고 했는데..

왜 이렇게
커플들만 보이지..

하아..
오늘은 술이
조금 먹고
싶네..

아, 일단
아이스크림은
다 먹고..

七。이자카야(いざかや)

근처에 이자카야가 있나..?

응?

음.. 저 아저씨, 왠지 술먹으러 가시는 느낌이..

역시, 이자카야로.. 음, 오늘은 저 아저씨를 믿어 볼까..

드르륵

이랏샤이마세~

오오오..
아담하고
분위기 좋은데?

히토리 데스

아저씨 따라서
들어오기 잘했다.

와..
술 많다.
앗!
메뉴부터.

구이, 조림, 생선... 야키토리랑
쿠시카츠..뭐 있을 건 다 있네.

七。이자카야(いざかや)

1 닭꼬치 焼(き)鳥	2 생강 돼지구이 生姜焼(き)
やきとり 야 키 토 리	**しょうがやき** 쇼 가 야 키
3 감자버터구이	4 옥수수 버터구이
ジャガバター 쟈 가 바 타	**コーンバター** 콘 바 타
5 햄 소세지	6 계란말이 玉子焼(き)
ハムソーセージ 하 므 소 세 지	**たまごやき** 타 마 고 야 키

7 오코노미야키 お好み焼(き)	8 몬자야키 もんじゃ焼(き)
おこのみやき 오 코 노 미 야 키	**もんじゃやき** 몬 쟈 야 키 오코노미야키와 비슷하지만 반숙으로 먹음

9 돼지오코노미야키 豚平焼(き)	10 생선아가미쪽 소금구이 カマ塩焼(き)
とんぺいやき 톤 페 야 키	**カマしおやき** 카 마 시 오 야 키

11 생선 머리 소금구이 カブト塩焼(き)	12 직화구이 炙リ焼(き)
カブトしおやき 카 부 토 시 오 야 키	**あぶりやき** 아 부 리 야 키

음.. 구이 종류는 얼추 있을 건 다 있네.

아!
저번에
생선을 많이
먹어서...

쟈가버터(じゃがバター)
하나 주세요.

네

그런데 혼자서
가게를 운영하시나 봐요?

아, 네.
워낙 조그마한
식당이라서요.

그래서 주문이
조금 시간이 걸리는데.
괜찮으신가요?

네, 상관 없어요.
괜찮습니다.

감사 합니다.
조금만 기다려 주세요.

아,
마실 것은 뭘로?

생맥주
한 잔이...
앗! 잠시만요.

잠.. 잠깐!

음.. 모처럼 이자카야에
왔으니, 다른 술을
먹어봐야겠다.

七。이자카야(いざかや)

| 13 | 물 | 水 |
| 14 | 우롱차 | ウーロン茶 |

みず
미 즈

ウーロンチャ
우 론 차

| 15 | 콜라 |
| 16 | 소다 |

コーラ
코 라

ソーダ
소 다

| 17 | 병맥주 | 瓶ビール |
| 18 | 생맥주 | 生ビール |

びんビール
빈 비 루

なまビール
나 마 비 루

186 >> 187

19	청주	清酒, 日本酒	20	소주	焼酎

せいしゅ
세 이 슈

にほんしゅ
니 혼 슈

쌀, 누룩, 물을 발효시킨 술

しょうちゅう
쇼 쥬

쌀, 보리, 고구마, 감자, 밤등 여러 곡물을
발효시킨 후 증류한 술. 지역 특색이 강하다.

21	우롱하이		22	사와 (슈하이)	

ウーロンハイ
우 롱 하 이

소주+우롱차 (소주 대신 다른 술도 가능)

サワー
사 와

위스키, 브랜디, 소주 등에 과일 맛 주스를 첨가

우롱하이 (ウーロンハイ)
하나 주세요.

네!

응?

七。이자카야 (いざかや)

아저씨..
엄청 진지하게
고민중이 시네

우롱하이요!

음.. 맥주처럼
벌컥벌컥 하지는
못하지만
나름 차분한
매력이 있어.

저기요?

아, 네

여기, 곱창볶음이랑
소주 한잔 주세요.

네!

와우! 아저씨
엄청 쎈 조합의
메뉴를 시켰다!

23	절임 漬
つけ
즈 케

24	조림 煮付, 煮
につけ, に
니 즈 케 , 니

25	돼지고기조림 豚の角煮
ぶたのかくに
부 타 노 카 쿠 니

26	고기 감자 肉じゃが
にくじゃが
니 쿠 쟈 가

27	볶음 炒め
いため
이 타 메

28	돼지야채볶음 豚野菜炒め
ぶたやさいいため
부 타 야 사 이 이 타 메

七。이자카야(いざかや)

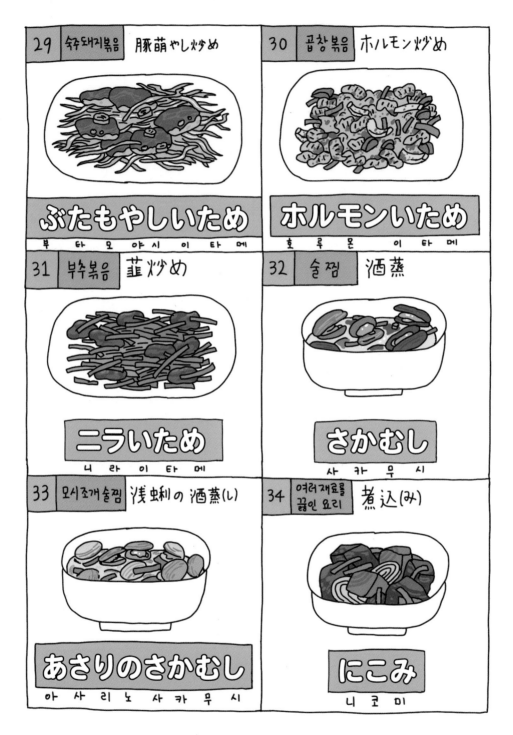

29 숙주돼지볶음 豚萌やし炒め	30 곱창볶음 ホルモン炒め
ぶたもやしいため 부 타 모 야 시 이 타 메	**ホルモンいため** 호 루 몬 이 타 메

31 부추볶음 韮炒め	32 술찜 酒蒸
ニラいため 니 라 이 타 메	**さかむし** 사 카 무 시

33 모시조개술찜 浅蜊の 酒蒸(し)	34 여러재료를 끓인 요리 煮込(み)
あさりのさかむし 아 사 리 노 사 카 무 시	**にこみ** 니 코 미

음.. 곱창을 좋아하지만 오늘은 뭔가 안땡겨.

쟈가 버터 나왔습니다.

아, 여기 젓가락이요.

탁!

과연

앗! 뜨거! 와.. 맛있다..

하하. 뜨거우니까 조심하세요.

아, 네

七。이자카야(いざかや)

오왓!
곱창볶음!

주문하신 곱창볶음, 소주
나왔습니다.

헤헤
아저씨 되게
행복하게 먹는다.

그렇담 나도..응..

하나 더 시켜 볼까?

35 닭튀김 鶏の唐揚げ	36 두부튀김 揚げ出し豆腐
からあげ 카 라 아 게	**あげだしどうふ** 아 게 다 시 도 후
37 감자튀김	38 고로케
ポテトフライ 포 테 토 후 라 이	**コロッケ** 고 로 케
39 소스 볶음면 焼きそば	40 라멘
やきそば 야 키 소 바	**ラーメン** 라 멘

七。이자카야(いざかや)

41 | 우동 | うどん
42 | 주먹밥 | 御握り / おにぎり | 오 니 기 리
43 | 차에 말아 먹는 밥 | お茶漬け / おちゃづけ | 오 차 즈 케
44 | 볶음밥 | チャーハン | 차 항
45 | 밥 | 飯, ご飯 / めし, ごはん | 메 시 , 고 항

이쪽엔 식사 종류도 약간 있네.

하지만
난 오늘 술안주의
날이야.

아, 네.

여기
닭튀김
(とりのからあげ)
주세요.

기본 안주 중에 기본!
깜빡 지나칠 뻔했군.
쫄깃한 식감에 살짝
기름진 살, 그리고
바삭한 튀김...

어? 언제
다 먹었지?
오늘은 술이
잘 들어 가는군.

더 시켜야
겠네..

七。이자카야(いざかや)

음.. 나도
소주를 마셔볼까?

앗!
이쪽을
보신다!

헤헤
간빠이!

여기,
소주 한잔
주세요.

네

일단 닭튀김
먼저 드릴게요.

간이 짠 걸 좋아하시면
소금에 찍어 드세요.

헤헤, 당연히 찍어
먹어야죠.

푹

으음~
바삭, 쫄깃, 짭짤~

七。이자카야(いざかや)

아, 저희 가게가 야키토리(燒鳥) 전문이라서요.

닭을 좋아하시면 드시고 가는 걸 추천합니다.

※야키토리 - 닭꼬치 구이

아,맞다.. 야.. 야키토리!!

그리고 쿠시카츠(串カツ)도 종류가 많으니까 둘 다 드셔 보세요.

※쿠시카츠 - 재료를 꼬치에 낀 빵가루 튀김

쿠시카츠!!

음..

흐음..

끄응

七。이자카야(いざかや)

으앗!!
손님, 괜찮
으세요?

추천을 해드리자면,
야키토리는 꼬리살(ぼんじり)과
닭동그랑땡(つくね), 쿠시카츠는
아스파라가스(アスパラガス)와
명란(めんたいこ)을 추천합니다.

음.. 더이상 머리가 돌아 가지
않아.. 그냥 추천 메뉴로..

그럼 그렇게
주세요!

네!

16
저, 그런데 화장실이 어디예요?

トイレは どこですか？
(토이레와 도꼬데스카?)

아, 저쪽
이요.

七。이자카야(いざかや)

치이익

보글

이이이아앙

보글

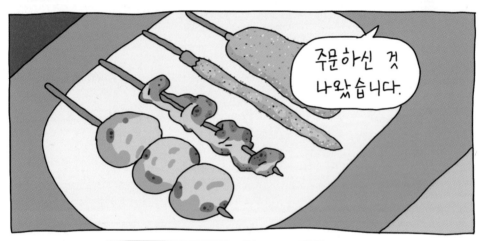

주문하신 것 나왔습니다.

오오오! 배부르지만 다 먹을 수 있을 것 같아. 아서, 다 먹을 꺼야.

쿠시 카츠 소스요.

여기 계산해 주세요.

헤헤,
아저씨 덕분에
오늘 좋은 가게를
알았다.
감사 감사~

음... 갑자기 밥이 먹고
싶네.. 흰쌀밥이랑 같이
먹으면 왠지 맛있을 것
같아..

여기,
밥 한 공기만
주세요.

여기요.

헤헤

닭꼬치
한 입

밥 한 입

역시! 이 맛이야!

와구

와구

七。이자카야(いざかや)

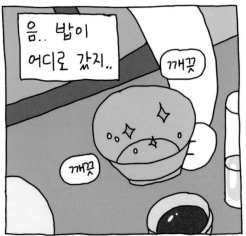

음.. 밥이 어디로 갔지..

깨끗

깨끗

17 이것좀 더 주세요.

これのおかわりをおねがいします。
(코레노 오카와리오 오네가이시마스)

네

몰라 이제..

아리가또 고자이마스!

고치소 사마 데시타

통

통

오늘도 역시 과식 했다..

조금 얼떨떨, 배는 엄청 부르다.. 이렇게 된 거, 후식으로 아이스크림이나 먹어야지..

七。이자카야(いざかや)

八

야키토리야 やきとりや

끄응 끄응

으아악! 안돼!!

저번에 이자카야에서 마지막에 감질
나게 먹었던 야키토리가 꿈에...

또 악몽
인가...

오늘은 꼭 먹어야겠군..

그래 이틀이면 많이 참았지..

이랏샤이마세!

히토리데스~

내일은 토요일, 그렇다면 오늘은 마음 놓고 먹어도 된다는 소리!

엉차!

아..아니군 오늘이 목요일이네.. 뭐 딱히 상관은 없지.

어디 보자...

八。 야키토리야(やきとりや)

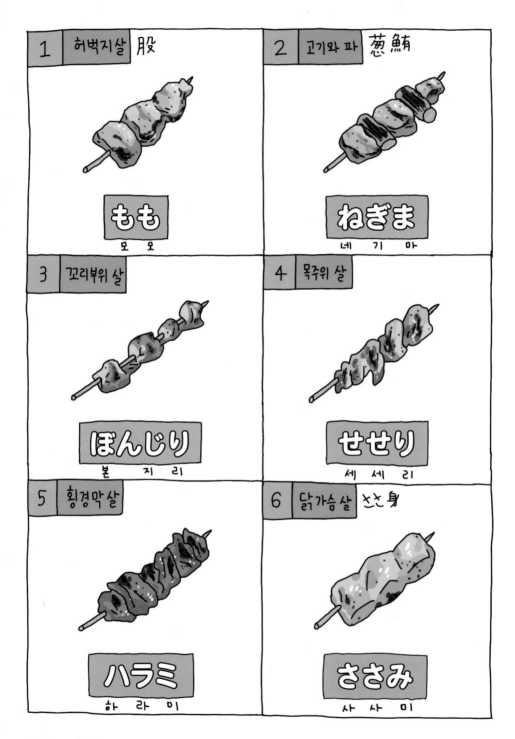

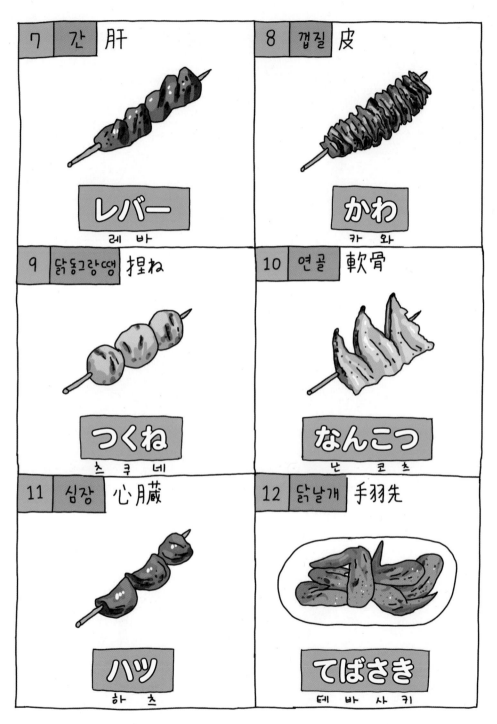

7 간 肝	8 껍질 皮
レバー 레 바	かわ 카 와
9 닭동그랑땡 捏ね	10 연골 軟骨
つくね 츠 쿠 네	なんこつ 난 코 츠
11 심장 心臓	12 닭날개 手羽先
ハツ 하 츠	てばさき 데 바 사 키

八。야키토리야(やきとりや)

역시 야키토리 메뉴판은 정신을 잃기 딱 좋아.

익숙해지지 않으면 매번 올때마다 헷갈려...

일단 기본적으로 소금과 양념으로 나누고..

塩
(시오)

소금만으로 간을 한 담백한 야키토리

たれ
(타레)

양념을 바른 단짠단짠 야키토리

이럴 때를 위해 항상 공부해뒀던 닭의 부위를 다시 떠올려 보자!

으아아아압!

...

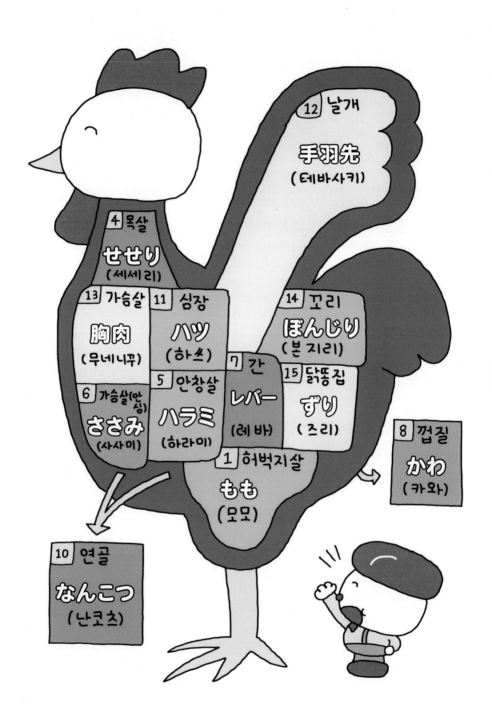

八。 야키토리야(やきとりや)

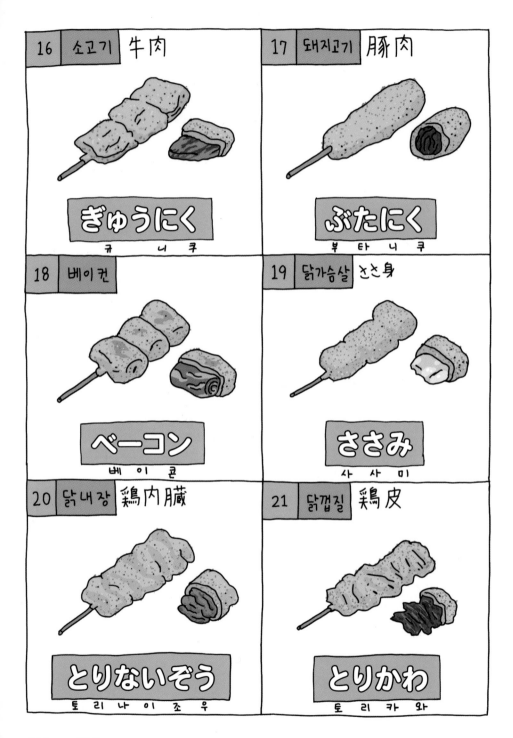

| 16 | 소고기 牛肉 |
| 17 | 돼지고기 豚肉 |

ぎゅうにく
규 니 쿠

ぶたにく
부 타 니 쿠

| 18 | 베이컨 |
| 19 | 닭가슴살 ささ身 |

ベーコン
베 이 콘

ささみ
사 사 미

| 20 | 닭내장 鶏内臓 |
| 21 | 닭껍질 鶏皮 |

とりないぞう
토 리 나 이 조 우

とりかわ
토 리 카 와

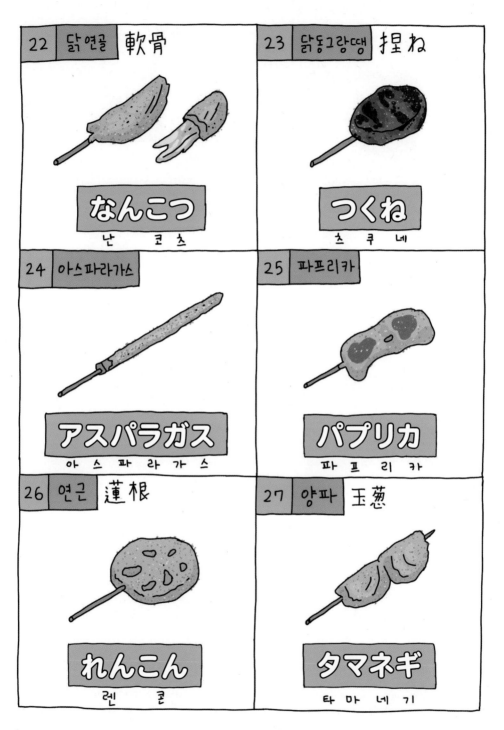

22 닭연골 軟骨	23 닭동그랑땡 捏ね
なんこつ	**つくね**
난 코 츠	츠 쿠 네

24 아스파라가스	25 파프리카
アスパラガス	**パプリカ**
아 스 파 라 가 스	파 프 리 카

26 연근 蓮根	27 양파 玉蔥
れんこん	**タマネギ**
렌 콘	타 마 네 기

八。야키토리야(やきとりや)

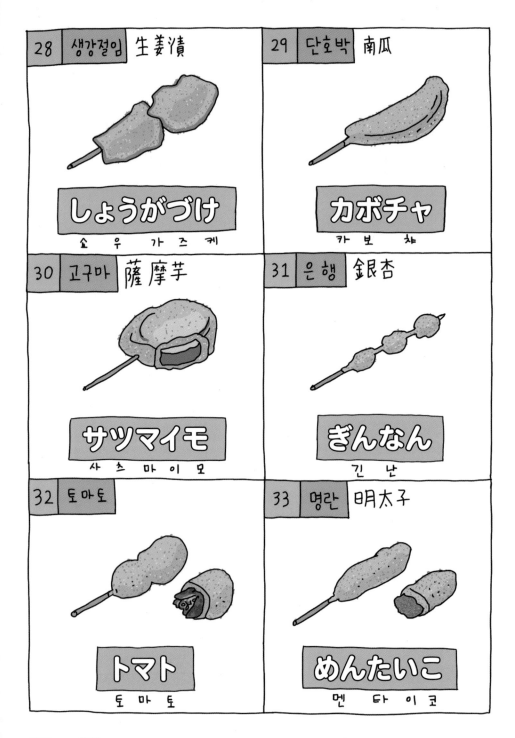

28 생강절임 生姜漬	29 단호박 南瓜
しょうがづけ	カボチャ
쇼 우 가 즈 케	카 보 챠
30 고구마 薩摩芋	31 은행 銀杏
サツマイモ	ぎんなん
사 츠 마 이 모	긴 난
32 토마토	33 명란 明太子
トマト	めんたいこ
토 마 토	멘 타 이 코

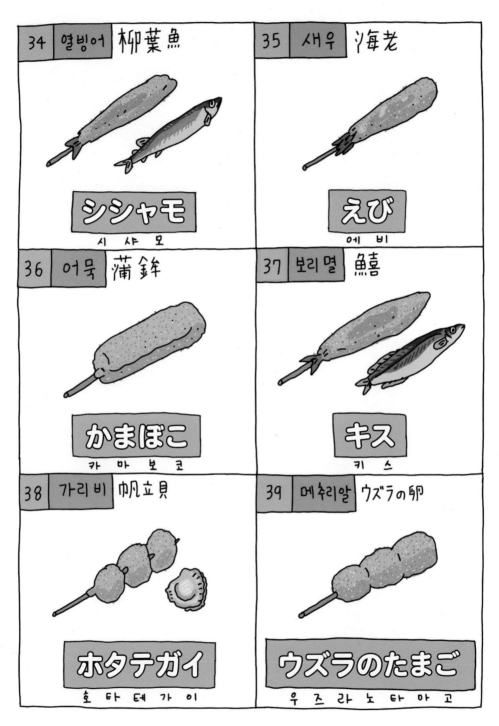

34	열빙어	柳葉魚	35	새우	海老

シシャモ
시 샤 모

えび
에 비

36	어묵	蒲鉾	37	보리멸	鱚

かまぼこ
카 마 보 코

キス
키 스

38	가리비	帆立貝	39	메추리알	ウズラの卵

ホタテガイ
호 타 데 가 이

ウズラのたまご
우 즈 라 노 타 마 고

八。야키토리야(やきとりや)

40	치즈

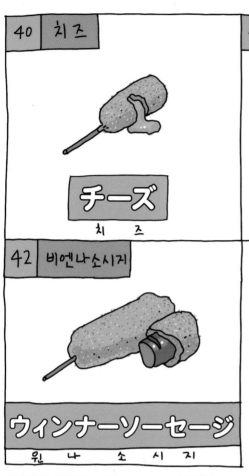

チーズ

치 즈

41	만두 饅頭

ギョーザ

교 자

42	비엔나소시지

ウィンナーソーセージ

윈 나 소 시 지

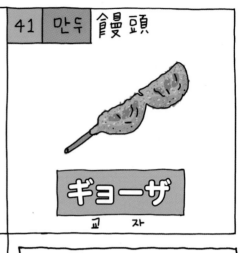

닭고기가 아닌 다양한 쿠시카츠 종류도 있군...

긁적

하지만 오늘은 오로지 닭과 승부하고 싶달까?

V S

···

다시 집중..

에 헴

돼지, 소, 닭의 부위는 매번 볼때마다 헷갈려.

좀 더 완벽하게 외워둘 필요가 있어.

식사는 속도다..!

야키토리는 다 좋은데 조금씩 시키면 음식이 나오는 속도가 너무 느려..

고문당하는 것 같아!

?

...

끄덕 끄덕

메뉴에 정신에 팔려 가장 중요한 점을 잊을 뻔 했군...

아는 사람?

八。 야키토리야(やきとりや)

야키토리는 특히!
구워지는 속도가 꽤 있기 때문에
처음에 많이 시켜 놓는 게 중요해.

처음에 끝까지 먹을 메뉴를
모두 다 시켜 보자!

다년간의 수련으로 내가 먹을
양은 정확히 알고 있으니...

여기요!

일단 메가 하이볼
하나랑요...

네기마, 모모, 테바사키,
세세리, 사사미, 츠쿠네,
카와, 본지리, 난코츠,
레바, 하츠 주시고요.
2가지 정도의 추천 메뉴
부탁 드립니다.

...

술~ 술~

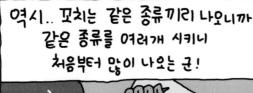

역시.. 꼬치는 같은 종류끼리 나오니까
같은 종류를 여러개 시키니
처음부터 많이 나오는 군!

츠쿠네 나왔습니다

테바사키 나왔습니다.

아...

세세리 나왔습니다.

그...만...!

八。 야키토리야(やきとりや)

야키토리야 やきとりや
이자카야 いざかや &

-단어-

1. 닭꼬치 [焼(き)鳥] やきとり

2. 생강 돼지구이 [生姜焼(き)] しょうがやき

3. 감자 버터구이 じゃがバター

4. 옥수수 버터구이 コーンバター

5. 햄소시지 ハムソーセージ

6. 계란말이 [玉子焼(き)] たまごまき

7. 오코노미야키 [お好み焼(き)] おこのみやき

8. 몬자야키 [もんじゃ焼(き)] もんじゃやき

9. 돼지 오코노미야키 [豚平焼(き)] とんぺやき

10. 생선 아가미쪽 소금구이 [カマ塩焼(き)] カマしおやき

11. 생선 머리 소금구이 [カブト塩焼(き)] カブトしおやき

12. 직화구이 [炙り焼(き)] あぶりやき

13. 물 [水] みず

14. 우롱차 [ウーロン茶] ウーロンチャ

15. 콜라 コーラ

16. 소다 ソーダ

17. 병맥주 [瓶ビール] びんビール

18. 생맥주 [生ビール] なまビール

19. 청주 [清酒, 日本酒] せいしゅ, にほんしゅ

20. 소주 [焼酎] しょうちゅう

단어

21. 우롱하이 ウーロンハイ

22. 사와 (츄하이) サワー

23. 절임 [漬] づけ

24. 조림 [煮付, 煮] にづけ, に

25. 돼지고기조림 [豚の角煮] ぶたのかくに

26. 고기감자 [肉じゃが] にくじゃが

27. 볶음 [炒め] いため

28. 돼지야채볶음 [豚野菜炒め] ぶたやさいいため

29. 숙주돼지볶음 [豚萌やし炒め] ぶたもやしいため

30. 곱창볶음 [ホルモン炒め] ホルモンいため

31. 부추볶음 [韮炒め] ニラいため

32. 술찜 [酒蒸] さかむし

33. 모시조개 술찜 [浅蜊の酒蒸(し)] アサリのさかむし

34. 여러 재료를 끓인 요리 [煮込(み)] にこみ

35. 닭튀김 [鶏の唐揚げ] からあげ

36. 두부튀김 [揚げ出し豆腐] あげだしとうふ

37. 감자튀김 ポテトフライ

38. 고로케 コロッケ

39. 소스볶음면 [焼きそば] やきそば

40. 라멘 ラーメン

41. 우동 う_우ど_동ん

42. 주먹밥 [御握り] お_오に_니ぎ_기り_리

43. 차에 말아먹는 밥 [お茶漬け] お_오ち_차ゃず_즈け_케

44. 볶음밥 チ_차ャーハ_항ン

45. 밥 [飯, ご飯] め_메し_시, ご_고ハ_항ン

46. 소금구이 [塩焼(き)] し_시お_모や_야き_키

47. 양념구이 [垂れ焼(き)] た_타れ_레や_야き_키

48. 허벅지살 [股] も_모も_모

49. 고기와 파 [葱鮪] ね_네ぎ_기ま_마

50. 꼬리부위 살 ぼ_본ん_지じ_리り

51. 목주위살 せせり ^{세세리}

52. 횡경막살 ハラミ ^{하라미}

53. 닭가슴살 [ささ身] ささみ ^{사사미}

54. 간 [肝] レバー ^{레바}

55. 껍질 [皮] かわ ^{카와}

56. 닭동그랑땡 [捏ね] つくね ^{츠쿠네}

57. 연골 [軟骨] なんこつ ^{난코츠}

58. 심장 [心臓] ハツ ^{하츠}

59. 닭날개 [手羽先] てばさき ^{테바사키}

60. 소고기 [牛肉] ぎゅうにく ^{규니쿠}

단어

61. 돼지고기 [豚肉] ぶたにく
〔부 타 니 쿠〕

62. 베이컨 ベーコン
〔베 이 콘〕

63. 닭가슴살 [ささ身] ささみ
〔사 사 미〕

64. 닭내장 [鶏内臓] とりないぞう
〔토 리 나 이 조 우〕

65. 닭껍질 [鶏皮] とりかわ
〔토 리 카 와〕

66. 닭연골 [軟骨] なんこつ
〔난 코 츠〕

67. 닭동그랑땡 [捏ね] つくね
〔츠 쿠 네〕

68. 아스파라가스 アスパラガス
〔아 스 파 라 가 스〕

69. 파프리카 パプリカ
〔파 프 리 카〕

70. 연근 [蓮根] れんこん
〔렌 콘〕

71. 양파 [玉葱] _{타 마 네 기} たまねぎ

72. 생강절임 [生姜漬] _{쇼 우 가 즈 케} しょうがづけ

73. 단호박 [南瓜] _{카 보 챠} カボチャ

74. 고구마 [薩摩芋] _{사 츠 마 이 모} サツマイモ

75. 은행 [銀杏] _{긴 난} ぎんなん

76. 토마토 _{토 마 토} トマト

77. 명란 [明太子] _{멘 타 이 코} めんたいこ

78. 열빙어 [柳葉魚] _{시 샤 모} シシャモ

79. 새우 [海老] _{에 비} えび

80. 어묵 [蒲鉾] _{카 마 보 코} かまぼこ

단어

81. 보리멸 [鱚] キス
^{キ ス}

82. 가리비 [帆立貝] ホタテガイ
^{ホ タ テ ガ イ}

83. 메추리알 [ウズラの卵] うずらのたまご
^{ウ ズ ラ ノ タ マ ゴ}

84. 치즈 チーズ
^{チ ズ}

85. 만두 [饅頭] ギョーザ
^{ギョ ザ}

86. 비엔나소시지 ウィンナーソーセージ
^{윈 나 소 시 지}

단어

술에 취하고
분위기에 취하고~

실전용 식당 회화

1. 어서오세요.
> いらっしゃいませ。
이랏샤이마세

2. 혼자이신가요?
> おひとりさまですか。
오히토리사마데스카

3. 네, 혼자예요.
> ひとりです。
히토리데스

4. 이쪽에 앉으세요.
> こちらにどうぞ。
고치라니도죠

5. 고맙습니다.
> ありがとうございます。
아리가토고자이마스

6. 메뉴 좀 주세요.
> メニューをください。
메뉴오구다사이

7. 도미랑 정어리랑 장어 주세요.
> タイとイワシとアナゴをください。
타이토이와시토아나고오구다사이

8. 오래 기다리셨습니다.
> おまたせしました。
오마타세시마시타

9. 마실 것은요?
> おのみものは？
오노미모노와?

10. 추천 메뉴는 뭔가요?
> おすすめはなんですか？
오스스메와난데스까?

11. 저기, 계산해주세요.
> すみません, おかいけいをおねがいします。
스미마센, 오카이케이오네가이시마스

12. 얼마예요?
> いくらですか？
이쿠라데스카?

13. 잘 먹었습니다.
> ごちそうさまでした。
고치소사마데시타

14. 여기 판 갈아주세요.
> アミを変えてください。
아미오카에테쿠다사이

15. 따로따로 부탁드려요.
> べつべつで おねがいします。
베쯔베쯔데오네가이시마스

회화

16. 저, 그런데 화장실이 어디예요?
> トイレはどこですか?
토이레와도꼬데스카?

17. 이것 좀 더 주세요.
> これのおかわりをおねがいします。
코레노오카와리오오네가이시마스

당신의 맛있는 여행에 도움이 될 수 있기를 바라며…

2판 1쇄 펴낸 날 | 2024년 2월 29일

지은이 | 나인완
펴낸이 | 홍정우
펴낸곳 | 브레인스토어

책임편집 | 김다니엘
편집진행 | 홍주미, 박혜림
디자인 | 이예슬
마케팅 | 방경희
감수 | 강한나

주소 | (04035) 서울특별시 마포구 양화로 7안길 31(서교동, 1층)
전화 | (02)3275-2915~7
팩스 | (02)3275-2918
이메일 | brainstore@chol.com
블로그 | https://blog.naver.com/brain_store
페이스북 | http://www.facebook.com/brainstorebooks
인스타그램 | http://www.instagram.com/brainstore_publishing

등록 | 2007년 11월 30일(제313-2007-000238호)

© 브레인스토어, 나인완, 2024
ISBN 979-11-6978-026-1 (03730)